관광
서비스업
취업 「뽀개기」

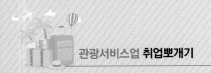

PREFACE

관광산업의 중심에는 '사람'이 있다.

'사람(관광인)' 손으로 일군 텃밭에 '사람(관광객)'이 다녀가면 수요가 창출된다. 외국인(관광객)이 방문하면 앉아서 자원을 수출하는 셈이고, 자연스럽게 고용도 창출된다.

내국인 해외 여행객 3,000만명, 외국인 관광객 1,000만 명 시대. 이제는 양적 성장뿐 아니라 질적 개선을 꾀해야 하는 시기이다. 질적 개선을 좌우하는 가장 큰 요소 또한 단연 '사람'이다.

(사)한국관광학회의 '국내 관광관련 대학 취업현황 및 개선방안에 대한 조사분석(2012.06)'에 따르면 관광전공 졸업자 취업률은 최근 3년(2009~2011년) 평균 63.8%를 기록했다. 다른 학과 전공에 비해 상대적으로 높은 수준의 취업률이 눈에 띈다. 관광분야 중에서는 호텔업이 29.0%로 가장 높았으며, 외식업이 23.0%, 여행업이 19.0%로 그 뒤를 이었다. 이들 3대 분야가 전체 관광취업의 71.0%를 차지한다. 나머지 약 30%는 쇼핑, 컨벤션, 유원시설 등에 취업했다.

이 책은 관광서비스업체에 취업을 준비하는 예비관광인들을 위한 취업준비서이다. 이를 위해 크게 4개의 파트로 나눴다.

첫째, 관광산업의 취업현황 전망이다.
둘째, 취업 준비를 위한 지원 서류인 이력서 작성이다.
셋째, 자기소개서 작성이다.
마지막으로 서류 통과 후 진행되는 면접을 위한 면접 요령을 소개한다.

이를 통해 궁극적으로 예비관광인이 원하는 관광서비스업체 취업에 성공할 수 있도록 도와주는 데 이 책의 집필 목적이 있다.

부디 학교에서 이론과 실기를 익히고도 가장 중요한 지원 서류와 면접 대비가 안 되어 있어서 취업에 어려움을 겪고 있는 예비관광인에게 이 책이 도움이 되었으면 한다.

2019년 7월 31일
저자 일동

CONTENTS

CHAPTER 03 자기소개서

CHAPTER 04 **면 접**

CHAPTER 05 **부 록**

관광
서비스업
취업뽀개기

CHAPTER 01

관광서비스업 취업 준비

01 관광서비스업과 취업 현황

(1) 관광서비스업

서비스업은 재화를 생산하지는 않으나 그것을 운반, 배급, 판매하거나 생산과 소비에 필요한 노동을 제공하는 산업이다. 예를 들면 상업, 금융업, 보험업, 운수업, 통신업, 관광업 등이 속한다. 특히 관광서비스 산업은 모든 나라들에 있어서 고부가가치 미래 전략산업으로 분류되어 정책적으로 장려되고 집중적인 지원을 받고 있는 실정이다.

이 책에서는 관광서비스업의 범위를 관광진흥법에 따른 여행업, 관광숙박업, 관광객이용시설업, 국제회의업, 카지노업, 유원시설업, 편의시설업 및 항공 · 철도 · 선박 · 렌터카 등 교통업, 국내외 공항과 항만 지상업 및 그와 관련된 관광객 관련업, 면세사업, 외식업까지를 관광서비스업에 포함시키고자 한다.

(2) 관광서비스업 취업 현황

그림 1-1 2016년도 관광사업체 종사자 수

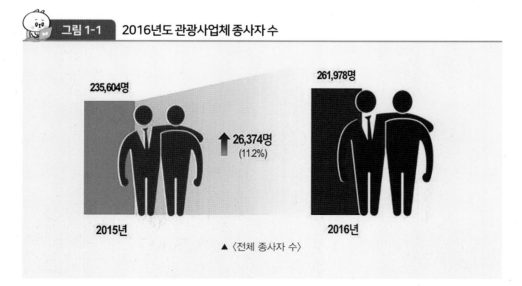

235,604명

26,374명
(11.2%)

2015년

261,978명

2016년

▲ 〈전체 종사자 수〉

서비스업 종사자는 약 256만 명 정도가 있으며, 1990년대 들어서 6.0%의 증가율을 보였다. 종사자 수에서는 부동산, 임대 및 사업 서비스업이 가장 큰 증가율을 보이고 있다. 그 구체적인 내용은 정보처리 및 컴퓨터운용관련업과 연구 및 개발업이 각각 125%, 112%로 급격하게 상승한 것이다.

성별로는 1996년 말 남성종사자가 56.4%, 여성종사자가 43.6%를 차지하여 여성 종사자의 수가 1990년대에 들어서 늘어나고 있다.

종사자 지위는 1996년 말 자영업주 및 무급가족 종사자가 22.1%, 상용종사자가 70.3%, 임시·일일고용 등 종사자가 7.6%를 차지하여 1990년과 비교해서 자영업주 및 무급가족 종사자는 약 3% 감소하였고, 상용종사자와 임시 및 일일고용 등 종사자의 경우는 각각 약 1%, 2.5% 정도 증가한 것으로 나타났다.(http://100.daum.net/encyclopedia/view/14XXE0027791)

그림 1-2 2016년 기준 업종별 종사자 수

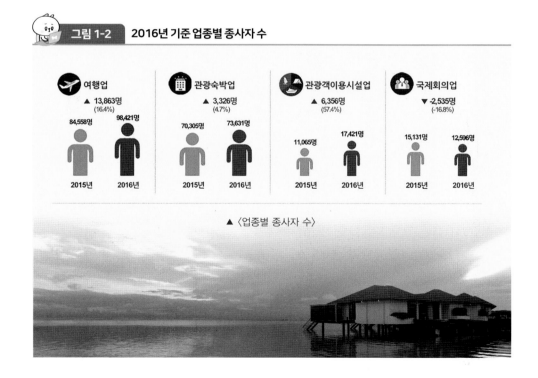

▲ 〈업종별 종사자 수〉

관광지원서비스업 신설 갑론을박–관광산업 외연 확대
'찬성' vs 포괄적이고 모호해 '반대'

김선주 기자 승인 2018.12.10

문관부, 관광지원서비스업 신설 추진 중
총론에는 공감하지만 각론에서는 이견

관광진흥법상 새로운 관광업종으로 '관광지원서비스업'을 신설하는 방안이 추진되고 있다. 관광업의 범위를 대폭 넓힌다는 점에서는 긍정적인 평가를 받고 있지만 일각에서는 모호한 기준과 기존 업종과의 중복 또는 충돌가능성 등을 이유로 부정적인 입장을 취하고 있다. 관광지원서비스업은 어떤 내용인지, 또 어떻게 진행되고 있는지 살폈다. 〈편집자주〉

관광진흥법상 새로운 관광업종으로 '관광지원서비스업'을 신설하는 방안이 추진되고 있다

● **여행부터 건설까지 매우 광범위**

문화체육관광부는 관광지원서비스업 신설을 골자로 한 관광진흥법 시행령 개정안과 구체적 기준을 담은 동법 시행규칙을 입법예고하고 11월 27일까지 의견을 수렴했다. 기존 관광편의시설업 안에 세부업종 중 하나로 관광지원서비스업을 신설하는 내용을 담은 시행령 개정안은 법제처 심사 등 후속 절차가 별 문제 없이 진행될 전망이다. '현행 법령상 규정된 관광사업의 종류 외에 관광 환경 변화에 따라 나타나는 신유형의 관광사업체를 포괄할 수 있는 새로운 분류를 신설'한다는 개정 취지에 대부분 공감하기 때문이다.

문제는 관광지원서비스업 지정 요건과 해당 업종, 지정권자와 구비서류 등의 세부 기준을 담은 시행규칙 개정안이다. 이에 대한 다양한 의견이 제기돼 입법예고한 내용 그대로 개정하기에는 무리

가 따를 수밖에 없기 때문이다.

무엇보다 너무 포괄적이고 기준이 모호해 기존 관광업종과 중복되거나 충돌할 수 있고, 자칫 기존 관광업종에 악영향을 줄 수 있다는 지적이 많이 제기됐다. 시행규칙에서는 관광지원서비스업에 등록할 수 있는 업종을 한국표준산업분류상의 '관광산업 특수 분류'에 해당하는 업종으로 규정했는데, 여행부터 쇼핑·통역·운송·숙박·건설·레저·온천·교육·장비·체험·음식 등 무려 22개 분야에 달한다. ▲ 여행보조 및 예약 서비스업 ▲관광 관련 숙박업 ▲관광 관련 운송업 ▲관광 관련 쇼핑업 ▲관광 관련 서비스업 등으로 관광과 조금이라도 관련이 있으면 지정 신청 대상이라고 해도 과언이 아니다.

기준도 모호한 측면이 많다. '여행 보조 및 예약 서비스업'의 경우 '여행사 이외에 여행자의 여행 활동을 지원하는 제반 서비스를 제공하는 업'이라고 정의하고 한국표준산업분류상 '기타 여행보조 및 예약서비스업'이라고 밝혔는데, 포괄적이고 모호한 기준이어서 혼란을 부추길 가능성이 크다. '관광관련숙박업'의 경우 '여행자에게 각종 형태의 숙박시설 등을 주로 단기 제공하여 이용하게 하는 업'인데, 한국표준산업분류상으로는 '민박업'도 포함돼 있어 공유숙박업 도입을 둘러싼 논란과 맞물려 논쟁을 부를 소지도 있다. 다른 분야 업종 역시 비슷한 상황이다.

지정신청 가능업종이라고 해도 ▲총매출액 중 관광객 또는 관광사업체와의 거래로 인한 매출액 비중이 50% 이상 ▲법률에 의해 지정된 관광지·관광단지·관광특구 내에서 영업하는 사업체 ▲한국관광품질인증을 받은 사업체 ▲문화체육관광부장관이 관광산업 진흥을 위해 지정·인증·선정한 사업체라는 네 가지 조건 중 하나 이상을 충족해야만 지정신청을 할 수 있도록 했다. 하지만 대상 업종 범위가 매우 넓다는 점에는 변함이 없다.

● 긍정적 기대 못지않게 걱정도 커

관광지원서비스업은 기존 법체계에서는 아우를 수 없었던 업종을 관광사업으로 받아들이고, 관광환경 변화에 따른 새로운 형태의 업종도 아우를 수 있다는 점에서는 긍정적인 평가를 내릴 수 있다. 여행 분야만 보더라도, 법적 근거가 없어 제도권 밖에 있는 랜드사를 포용할 수 있으며, 관광 분야의 다양한 형태의 플랫폼 사업체들도 받아들일 수 있다. 관광산업의 외연을 대폭 확대하고, 이게 다시 관광산업의 발전 속도를 더하는 선순환 효과도 기대할 수 있다.

그야말로 '총론'에서는 이견이 없는 상황이다. 하지만 '각론'에서는 의견이 엇갈리고 있다. 한국여행업협회(KATA)는 "관광지원서비스업은 관광산업 업종 및 업무 범위에 혼란을 줄 것으로 우려되므로 반대한다."는 의견을 제출했다. 그 이유로 ▲정의가 지극히 포괄적이며 여행업은 물론 관광관련 모든 업종과 중복된다. ▲이미 허가·등록·신고 등의 절차로 사업을 영위하는 사업체들과 경쟁관계가 형성된다. ▲등록기준과 보증보험 등 안전장치 없이 동일한 업무를 수행하는 유사업종을 신설하는 것은 국민보호에 역행한다. ▲막연히 관광 관련성만을 반영해 법령을 개정하는 것은 업종 간 업무 범위를 무너뜨려 혼란을 야기한다는 점을 내세웠다.

특히 기존 관광사업체 입장에서는 상대적 차별까지 거론하고 있다. 자신들은 관광법률에서 규정한 기준과 의무를 충족하면서 관광업 지위를 유지하고 있는데, 관광지원서비스업의 경우 관광 관련성에 일부 조건만 충족하면 똑같은 지위를 확보할 수 있기 때문이다. "관광진흥개발기금 융자지원만 보더라도, 전체 지원액수는 한정적인데 지원 대상에 관광지원서비스업까지 추가되면 기존 업체들의 파이는 그만큼 작아질 수밖에 없다"는 등의 우려다.

• 문관부 "의견 반영해 보완 예정"

문화체육관광부는 접수된 의견을 바탕으로 내부 검토를 진행해 보완한다는 입장이다. 문관부 관계자는 지난 5일 "(관광지원서비스업 신설 총론을 담은) 시행령 개정안의 경우 별다른 의견이 없어 법제처 심사를 기다리고 있는 단계지만, 지정대상 등 세부내용을 규정한 시행규칙에 대해서는 의견이 많이 접수돼 내부 검토가 필요하다."고 진행 상황을 전했다. 또 "수용할 것은 수용하고 보완할 것은 보완할 예정인데, 필요할 경우 재입법예고를 할 수도 있다."고 덧붙였다.

시행령 개정은 확실시되는 만큼 관광지원서비스업 신설은 확정적인 상황이다. 다만, 그 범위와 기준 등 세부내역이 어떻게 정해질지는 향후 전개과정을 지켜봐야 명확해질 전망이다.

▼ 관광지원서비스업 지정신청 가능업종 (광진흥법 시행규칙 개정안)
- 여행보조 및 예약서비스업
- 관광 관련 숙박업
- 관광 관련 운송업
- 관광 관련 쇼핑업
- 관광레저용품 소매업
- 관광 관련 음식점업
- 박물관 및 사적지 운영

02 관광서비스업의 미래

세계여행관광협의회(WTTC : World Travel & Tourism Council)는 2010년까지 관광산업이 세계 GDP의 10.9%로 성장하고, 세계 총 고용의 8.6%가 관광 관련 산업에 종사할 것으로 전망하였다. 이와 같이 관광산업이 국가 경제에 미치는 영향력이 증대됨에 따라 선진국을 비롯한 세계 각국은 관광산업을 '21세기 신성장동력 산업'으로 인식하고 이를 성장시키기 위한 정책을 수립하여 추진하고 있으며, 세계적으로 관광산업은 미래형 감성산업으로서 고용창출, 국가이미지 제고 등 파급효과가 크고 높은 성장 잠재력을 보유하고 있는 매력적인 산업으로 각인되고 있다.

세계관광기구(UNWTO : The United Nations World Tourism Organizaition)에 따르면 2020년 전 세계관광객의 규모는 13억 6천 명, 2030년에는 18억 1천 명이 될 것이라고 한다. 이 중 약 27%인 4억 2천만 명(2020년도 기준) 정도가 아태지역을 방문할 것으로 예측됨에 따라 이들 국가들의 관광산업 육성과 관광객 유치경쟁이 더욱 심화될 것으로 보인다.

한류열풍으로 일본 및 동남아 지역의 여행객 증가, 촬영지 방문 관광객 증가로 인해 방한 노선 또한 증가하고 있으며, 국내에서도 주5일근무제 확대, 여행상품에 대한 고객의 요구 증대, 원화 강세, 환율 하락 등의 영향으로 해외로 관광을 나가는 국내관광객이 증가하고 있다. 또한 주5일근무제가 자리 잡았고, 노동시간이 단축되면서 여가에 대한 관심 증가로 여행과 레저산업이 크게 부각되고 있다.

최근 남북관계가 매우 희망적으로 발전하고 있는 시점에서 관광산업의 전망은 그 어느 때보다도 희망적이다. 3차 산업이 정보화 혁명이었다면 4차 산업은 정보화와 IT를 아울러서 관광서비스와 접목시켜 우리나라에 꼭 알맞은 분야이다. 그러므로 관광산업은 인간의 감정을 다루는 4차 산업에 꼭 맞는 분야이며, 14억 명의 중국인들을 비롯한 13억 5천만 명의 인도 외 6억 5천만 명 아세안 국가들이 가장 선호하는 국가이다.

03 **관광관련 직업별 취업 대비**

관광관련 취업 분야를 여행, 수송 및 공항지상, 관광숙박, 관광편의시설, 식음료 등 5개 분야로 나누어 관광서비스업 취업을 준비하는 데 필요한 정보를 제공한다.

 표 10-1 **관광관련 직업**

구분	관련 직업
1. 여행	여행상품개발원, OP(여행상품상담), 지역수배전문가, 여행사무원, 항공권예약발권사무원, 국외여행인솔자, 국내여행안내사, 관광통역안내사
2. 수송	공항세관원, 출입국심사관, 공항검역관, 공항의전원, 항공기객실승무원, 출입국 도착업무, 공항보안검색, 패밀리서비스, 비동반소아 서비스, 라운지여객서비스업무, 선박객실승무원, 열차객실승무원
3. 관광숙박	호텔지배인, 도어데스크, 벨데스크, 컨시어지, 프론트데스크, 객실예약, 룸메이드, 숙박관련 서비스직, 오더테이커, 호텔세탁원
4. 관광편의시설	카지노딜러, 카지노출납원 및 카지노안전관리원, 면세상품판매원, 캐디, 스쿠버다이빙강사, 번지마스터, 테마파크디자이너, 퍼레이드연기자, 놀이시설종사원, 컨벤션기획자, 국제회의통역사
5. 식음료	식당접객원(웨이터·웨이트리스), 바텐더, 소믈리에, 조리사, 푸드스타일리스트, 파티셰, 브루마스터, 바리스타, 음식메뉴개발자, 외식업체매니저

출처: 관광분야 직업전망 재구성

(1) 여행

지난 1989년 해외여행이 자율화되면서 패키지 상품을 이용해 해외여행을 하는 사람이 늘어나고, 한류열풍으로 일본, 중국, 대만 등 아시아 관광객들의 국내여행이 증가하면서 국내의 여행업은 매우 활발해졌다. 여행사는 여행이라는 소비자들의 요구를 구체적으로 실행 가능하게 하는 연결자이다.

여행업 발달 초기의 여행사는 여행자를 대신하여 여행에 필요한 교통, 숙박, 관광시설 예약 등에 한정되어 있었으나 관광산업 발전과 더불어 여행자의 여행상품 구매 욕구를 유발하고, 상품의 가치를 높이는 데 초점을 맞추고 있다.

여행사의 기능은 여행객에 대한 상담과 정보제공 기능에서부터 예약 및 수배기능, 상품판매 및 수속대행기능, 발권업무, 여정관리 등으로 보다 세분화·전문화되어 소속된 종사자들의 업무도 변화시켰다. 최근에는 소비자들의 욕구가 다양해지고 특히 해외의 축적된 지식과 경험 같은 생산적이고 창조적인 기능으로의 접근이라는 역할이 부각되고 있다(SBA 컬럼 http://www.sba.seoul.kr/kr/sbbs10s1/5032830).

대부분 여행사에 소속되어 일하는 종사자들은 업무의 특성상 여행에 관한 많은 정보를 숙지하고 있어야 하므로 관련 업무를 통해 일정 이상의 경력을 쌓아야 한다. 따라서 채용 시 관련 분야의 경험을 중요시하여 실습, 인턴 경험 및 여행사 업무 경력자를 선호하는 편이다.

규모가 큰 여행사를 중심으로 공채와 수시채용을 통해 필요 인원들을 채용하고 있으며, 채용공고는 여행사 인터넷 사이트나 각종 취업 사이트, 신문 공고 등을 활용하고 있다.

'여행분야'에서는 여행상품을 판매하고 안내하는 등 여행사에서 일하는 종사자들 위주로 직업을 소개한다.

여행상품개발자 또는 여행상품기획자는 여행상품을 기획하고 개발하는 업무를 담당한다. 여행경험이 많고, 여행업체 경력자로 여행지역에 대한 정보가 풍부하고, 고객의 욕구를 파악하여야 한다.

OP(여행상품상담)는 여행상품 문의 고객을 대상으로 상품에 대한 안내와 판매활동 업무를 수행한다. 지역수배전문가는 호텔, 식당, 여행지 등 여행상품의 구성요소를 수

배하는 업무를 담당한다.

항공권예약발권사무원은 고객의 항공권 구매에 대한 상담과 판매 업무를 통해 수익을 창출하는 업무이다.

이밖에도 국내·외를 여행하는 관광객의 각종 여행편의를 제공하며, 관광지 및 관광상품을 설명하거나 여행을 안내하는 '국내여행안내사'와 '국외여행인솔자', 그리고 국내여행을 하는 외국인 관광객 또는 국외여행을 하는 내국인 관광객을 대상으로 여행일정표 작성, 여행자 인솔, 명승지나 고적지의 안내 및 소개 등 여행에 필요한 각종 서비스를 제공하는 '관광통역안내사' 등이 있다. 이들은 여행사에 취업하여 일하기도 하지만 많은 종사자들이 프리랜서로 활동하고 있다.

또한 여행업계에서 많이 사용되고 있는 용어 중 하나로 랜드사(지상수배업자, 현지수배업체)라고 불리는 곳에서 근무하는 '지역수배전문가'가 있다. 이는 여행사와 거래계약을 하여 현지에서 여행객의 숙박, 관광코스개발, 여행일정, 교통편 예약 등의 여행업무를 총괄적으로 관할하는 현지회사의 종사자를 말한다.

이외에도 여행사에서 고객의 요구에 맞는 여행상품을 추천하고, 행선지, 교통편, 여행일정, 경비, 숙박시설을 고객과 협의·결정하며, 여행상품에 관한 고객 불만사항을 해결하는 '여행사무원' 등이 있다.

(2) 수송(운송, 운항)

국내뿐 아니라 국외를 여행하는 사람들이 해마다 증가하고 있다. 해외로 여행하는 사람들이 계속 늘어나고 있고, 국내도 KTX로 어디든 빠르게 이동할 수 있는 여건이 마련되면서 이들 관련 종사자의 수요 증가도 예상할 수 있다.

항공운송의 경우 항공기가 국제화시대에 신속하고 편리한 운송수단인 만큼 항공기를 이용하여 해외로 이동하는 사람들의 수는 계속 증가할 것으로 예상된다.

CIQ 관련 직업의 경우 공무원으로 입직을 위한 경쟁이 매우 치열하며, 항공, 철도 및 선박 관련직 모두 많은 사람들이 선호하기 때문에 대부분 입직 시 치열한 경쟁을 해야 한다.

철도나 선박회사, 공항 및 항공사 등 수송 관련 분야에 취업하고자 하는 사람들은 늘어나고 있으며, 특히 항공기산업의 급격한 발달은 관련 분야의 고용창출에 많은 도움을 주고 있다.

알아보기 여행사 취업에 필요한 자격증 알아보기

여행관련 업무에 종사하는 데 특별히 학력 제한은 없으나 특성화고등학교의 관광과, 전문대 이상의 관광관련 학과를 졸업한 사람들이 많이 활동하고 있다.

여행업체에 취업을 위해서는 외국어 자격증이 기본이며, 가이드를 하기 위한 국가자격으로는 '관광통역안내사'자격증과 '국내여행안내사' 자격증이 있고 민간 자격으로는 '국외여행인솔자' 자격증이 필요하다.

항공예약발권 업무를 하려면 항공예약업무 관련 'CRS'자격증이 필요하다.

① **관광통역안내사**의 경우 한국을 방문하는 외국인들을 상대로 우리나라의 명소와 문화를 소개하며 우리나라를 알리는 역할을 담당한다.

② **국내여행안내사**는 내국인을 대상으로 국내 곳곳을 소개하는 역할을 담당한다.

③ **국외여행인솔자**의 경우 내국인이 국외여행을 갈 때 출발부터 도착까지 모든 일정을 관리하며 여행자가 안전하고 불편함 없이 여행할 수 있도록 도와주는 역할을 담당한다.

④ **CRS**(Computer Reservation System) 항공권 예약/발권 자격증은 여행사나 항공사의 예약발권 업무를 담당하기 위해 필요한 자격증이다.

객실서비스부터 조종, 정비, 관리 등 정말 다양한 분야의 직업이 있으며, 공개채용 및 수시채용을 통해 이들을 채용하므로 관심 있는 분야의 채용공고를 항상 확인해야 한다.

여객이나 화물 운송서비스를 제공하는 업무가 대부분이기 때문에 주말이나 공휴일 개념이 없다. 오히려 사람들이 대부분 쉬는 연휴나 특별한 날이 이들 근로자들에게는 더욱 바쁜 날이 되기도 한다. 일반적으로 교대근무를 하기 때문에 야간근무도 많은데, 이러한 불규칙한 근무로 피로를 느끼기 쉽고, 신체적 질환이 나타날 수도 있다. 또한 사람을 주로 상대하는 일을 하기 때문에 다양한 성격의 사람들로 하여금 정신적인 스트레스를 받기도 한다.

항공, 철도, 선박에서 각각 승객들의 편의를 위해 서비스를 제공하는 직업으로 '항공기객실승무원', '열차객실승무원', '선박객실승무원'이 있다. '항공기객실승무원'의 경우 전 세계를 이동하며 생활한다는 매력으로 많은 젊은이들이 치열한 경쟁을 통해 입직하고 있다.

최근 LCC 항공사 신규 취항이나 외항사업의 영향으로 더욱 더 매력있는 직업으로 알려져 있다.

항공 종사자의 경우 객실승무원(cabin crew, fight attendent)과 함께 공항에서 근무하는 지상직이 있다. 지상직은 항공편을 이용하려는 항공편 여객의 요구에 응하여 항공편 좌석 예약 접수를 담당하는 '예약업무', 항공권 발권을 담당하는 '발권', 탑승권을 받고, 수하물을 여행목적지로 보내는 업무를 담당하는 '체크인카운터(check in counter)', 승객의 탑승권 확인절차를 거쳐 원활한 기내탑승을 위해 서비스를 제공하는 '게이트(gate)', 승무원의 스케줄을 조절하는 스케줄러 역할을 담당하는 '승무원 담당', 1등석 및 2등석 승객을 위하여 공항에 마련된 라운지를 운영하는 '라운지업무 담당자', 승객 수하물의 연착, 분실, 도난, 파손 등의 문제 발생 시 승객의 입장에서 적절하고 신속한 서비스를 제공하는 '수하물 담당', 항공화물을 담당하는 '카고(cargo)' 등이 있다.

이밖에도 항공기의 안전을 지키며 각종 범죄상황을 사전에 막는 중요한 업무를 담당하는 '보안검색', 노약자나 몸이 불편한 사람을 위한 '한사랑 또는 한가족 서비스', 만 5~13세 미만의 비동반소아의 항공기 탑승 등을 도와주는 UM(Unaccompanied Minor)서비스도 있다.

알아보기 수송관련 취업에 필요한 자격증 알아보기

특별히 관련된 자격증은 없지만 공항검역원 중 동물·축산물 검역을 하는 검역원의 경우 수의사 면허가 요구된다. 그리고 세관원의 경우 관세사 자격이 있으면 보다 입직에 유리하다.

만약 공항지상업무 중 항공 예약이나 발권업무를 담당하고자 한다면 이에 필요한 자격증인 **CRS**(Computer Reservation System) 항공권 예약/발권 자격증이 필요하다.

(3) 관광숙박

호텔에 방문하면 가장 먼저 만나게 되는 곳이 '프론트데스크(front desk)'이다. 고객 예약, 객실배정, 입실 및 퇴실 지불관계 등이 이루어지는 곳으로 숙박업소의 얼굴인 동시에 모든 일의 중심이 되는 곳이다.

이곳에서는 예약 여부를 확인하여 객실열쇠를 건네주고, 숙박업소 이용방법이나 근처 관광지 안내, 식당안내 등의 정보를 제공한다. 투숙객의 요구사항을 해결하고, 요청에 따라 교통편을 예약·확인하는 등 수속업무를 대행하기도 한다.

해당 직업으로는 '도어맨 & 벨맨(doorman & bellman)', '컨시어지(concierge)', '프론트데스크 사무원' 등이다. 하우스키핑(house keeping)이 '주부'를 칭하여 가정이나 가계를 꾸리는 일체의 행위를 의미하듯이 '객실 관리부서'에서는 고객에게 안락하고 깨끗한 장소를 제공하기 위해 객실은 물론, 고객의 옷 세탁, 건물의 외관관리, 공용 공간

관리, 객실에 제공되는 린넨, 종업원 유니폼 관리 등 제반 서비스 업무를 담당한다.

　해당 직업으로는 '룸메이드(room maid)', '하우스맨(house man)', '인스펙터(inspector)', '유틸리티(utility)', '오더테이커(order taker)', '호텔세탁원', '린넨담당원' 등이며, 일부 숙박시설에서는 각 분야별로 담당자가 관리만 하고 실제 업무는 외부업체, 즉 아웃소싱을 활용하는 경우가 많다.

　업무 환경은 보통 호텔 내의 깨끗하고 밝은 조명과 냉방시설이 되어 있는 쾌적한 환경에서 일하며, 시설 현관 로비의 접수데스크에서 손님을 맞이하고 업무처리를 한다.

　국내의 관광숙박업체는 대부분 24시간 연중무휴로 운영되고 있는 특성으로 이들의 근무시간은 소속된 업체의 근무규정을 따르지만, 대부분 교대근무체제로 야간근무, 주말 및 휴일근무를 해야 하는 경우도 많다.

알아보기　**숙박업체 취업 시 필요한 자격증**

　관광숙박업 종사원과 관련하여 '호텔경영사', '호텔관리사', '호텔서비스사' 등의 관련 자격제도가 있다. 이러한 자격제도는 일정수준 이상 관광에 대한 전문지식과 기술을 갖춘 종사자로 관광산업의 서비스 질과 신뢰도를 증진시키기 위하여 도입되었다.

　호텔경영사를 취득하면 호텔경영을 총괄하고, 종사원을 지휘 및 감독하는 업무를 한다. 호텔관리사를 취득하면 호텔 각 분야의 업장관리 및 종사원을 감독하는 일을 하며, 호텔서비스사의 경우 관광호텔의 현관, 객실, 식당의 업무를 담당한다. 이들 자격증을 취득하면 관련 업체에 취업을 하거나 업무를 수행하는 데 유리하다.

(4) 관광편의시설

　카지노에서 일하는 주요 인력은 카지노 영업장에서 게임 테이블을 운영하는 '딜러(dealer)'와 1차 관리자인 '플로어퍼슨(floor person)', 2차 관리자인 '피트보스(pit boss)',

해당 시프트의 운영을 책임지는 '시프트매니저(shift manager)', 게임운영을 위해 칩을 공급·회수하는 등의 칩을 관리하는 '카지노출납원', 고객에게 식음료 서비스를 제공하는 '바니' 등이 있다.

이외에도 영업장의 출입을 통제하는 '카지노 안전관리원', 서베일런스(surveillance) 실에서 영업장을 관찰하는 '카지노 감시운영원'이 있다. 또한 다른 회사와 같이 카지노 경영 전반을 관리하는 경영부서, 고객유치를 위한 마케팅, 광고 및 홍보 부서 등에 관련 종사자가 일하고 있다.

그리고 골프장에서 고객들의 경기진행을 돕는 '캐디(caddie caddy)', 수상스포츠의 발달로 관심이 증가하고 있는 '스쿠버다이빙 강사', 그리고 번지점프의 진행을 돕는 '번지마스터(bungeemaster)' 등이 있다.

테마파크 관련 직업으로는 테마파크의 시설, 건축, 의상 등 각 분야에서 활약하고 있는 '테마파크디자이너'와 아름답고 동화에서나 볼 수 있는 의상을 입고 퍼레이드로 아이들, 어른들에게 즐거움을 주는 '퍼레이드연기자', 그리고 각종 어트랙션을 운행하고, 테마파크의 질서 유지 및 안내 등을 담당하는 '놀이시설종사원' 등이 있다.

근무환경은 우선 국내의 17개 카지노에서는 24시간 연중무휴로 운영되고 있어 대부분의 영업현장 종사자들은 8시간씩 3교대로 일하고 있다. 고객을 항상 상대하는 일로 고객을 위한 서비스가 우선시 되어야 하며, 특히 금전적 손실을 경험한 고객이 인식하는 서비스에 대한 평가는 매우 냉혹하기 때문에 고객의 게임욕구를 바탕으로 표정, 빠른 응대, 말씨 등의 기본적인 서비스 외에도 고객과의 공감, 대화를 통해 만족을 느끼게 하는 심리적 서비스까지 신경을 써야 한다. 따라서 밝은 표정과 음성, 태도를 갖추고, 단정한 용모를 위해 두발, 액세서리 등에 제약이 있으며, 회사에서 지정하는 유니폼, 명찰, 유니화 등을 착용해야 한다.

테마파크 및 스포츠관련 종사자들도 마찬가지로 일반인들의 여가를 위해 일해야 하기 때문에 주말이나 휴일, 야간에 근무하는 경우가 많다. 날씨와는 상관없이 야외에서 서 있거나 움직이며 고객에게 서비스해야 하는 일이 많기 때문에 신체적으로 강인함이 요구된다. 고객만족을 최우선으로 생각하며 서비스마인드를 갖고 업무에 임해야 하며, 업무의 특성상 대인과의 원만한 의사소통, 인내심 등이 요구된다.

알아보기 **편의시설 취업에 필요한 자격증**

카지노의 경우 외국에는 카지노 종사자와 관련된 자격제도가 있는 것으로 알려져 있으나 국내에는 아직 자격제도가 없다. 현재 카지노 딜러 양성을 위한 교육 프로그램이 진행되고 있으며, 일부 사설학원의 경우 업체와 연계하여 실습교육을 하기도 한다. 딜러 교육과정을 이수한 자는 직원채용에 있어서 유리한 경우도 있다.

레저 및 테마파크 분야는 특별한 자격요건이 있지는 않다. 그러나 스포츠 관련 강사의 경우 각각의 분야의 협회나 연맹 등의 강사 자격증을 취득해야 하는 경우가 많다. 수상스키, 수영, 윈드서핑, 스키 등의 강사가 되기 위해서는 체육과학연구원의 생활체육지도자 3급 이상을 취득하는 것이 유리하다.

(5) 식음료

국민소득이 증가하고 음식산업이 발달하면서 과거에 비해 식생활 패턴이 많이 변화하고 있다. 단순히 배를 채우기 위해 음식점을 찾는 것이 아니라 이제는 대화의 장소, 여가를 위한 장소 등으로 즐기기 위하여 음식점을 찾는 사람이 늘어나고 있다.

특히 식음료 분야 중 외식산업이 매우 두드러지게 발전하고 있다. 2인 이상 도시 가구의 월평균 지출현황을 살펴보면, 전체 소비지출 중 식료품이 차지하고 있는 비중은 계속 감소하고 있음에도 불구하고 식료품에서 외식이 차지하고 있는 비율은 점차 증가하고 있다. 집에서 음식을 만들어 먹는 것보다 외식 비중을 증가 시키고 맛있는 음식을 찾아다니면서 먹는 즐거움을 추구하거나 간편하게 음식점을 이용하는 사람들이 증가한다는 것을 알 수 있다.

외식산업의 변화 그리고 성장이 계속될 것이라는 예상과 함께 외식산업에 진출하는 대기업 또한 증가하고 있다. 이로 인해 규모가 커지고 시스템화된 체계로 운영하는 업체가 증가하고 있으며, 소규모 음식점으로 전문성이 없이 경영되었던 음식점은 점차 경쟁에서 밀려나고 있다.

또한 보다 세분화되고 새로운 분야의 음식점이 창업되면서 각 영역별의 경쟁은 치열해 지고 있다. 이러한 변화와 함께 관련 종사자에게 있어서도 고용의 변화가 생길 것이며, 더 나은 근무환경과 보수를 위해 규모가 큰 업체에 입직하기 위해선 경쟁을 해야 할 것으로 보인다. 따라서 본인의 능력을 향상시켜 전문성을 갖추어야 하며, 고객이 무엇을 원하는지, 소비자가 가치를 두는 것이 무엇인지 빠르게 파악하며 적절하게 대응해야 한다.

식음료업체에 있어 가장 중요한 것은 바로 음식이나 음료의 '맛'이라고 할 수 있다. 다양한 음식을 만들어 고객에게 먹는 즐거움을 선사하는 조리사의 능력이 바로 업체의 흥망성쇠의 열쇠를 쥐고 있다고 해도 과언이 아니다.

일반 음식점에 '조리사'가 있다면 호텔이나 주점에는 다양한 알코올 및 비알코올 음료를 혼합하여 고객이 원하는 음료를 제공하는 '바텐더(bartender)'가 있다. 또한 와인을 취급하는 와인전문점이나 호텔, 식당 등에는 수많은 종류의 와인을 원산지나 품종, 수확연도 등에 따라 구입하고, 고객에게 음식과 적합한 와인을 추천해주는 '소믈리에(sommelier)'가 있다.

커피전문점에는 커피의 향과 맛을 살려 제공해주는 '바리스타(barista)'가 있고, 시원한 맥주를 제공하는 하우스맥주전문점에서는 맥주를 양조하는 '브루마스터(brewmaster)'가 근무한다.

이외에도 너무나 예쁘고 맛있는 케이크나 빵을 만드는 '파티셰(patissier)', 음식을 아름답게 꾸며 더욱 먹음직스럽게 보이게 하는 '푸드스타일리스트(food stylist)', 그리고 항상 새로운 음식을 개발하고자 노력하는 '음식메뉴개발자', 외식업체에서 매장 및

매출관리를 하는 '외식업체매니저', 맛있는 음식을 고객에게 친절한 마음으로 서비스하는 '웨이터(waiter) 및 웨이트리스(waitress)' 등이 이 분야에서 근무하고 있다.

 알아보기 **식음료 분야 관련 자격증 알아보기**

식음료 분야 중 자격이 요구되는 직업은 바로 조리사이다 식품위생법에 따라 일정 규모 이상의 음식점에서는 해당 분야의 조리사 자격증을 취득한 사람을 채용하도록 규정되어 있다. 따라서 한식, 양식, 중식, 일식 등의 본인의 전문 조리 분야에 해당하는 조리사 자격증을 취득하는 것이 유리하다.

바텐더의 경우 조주사 자격증이 꼭 필요한 것은 아니지만 자격증을 취득하면 채용 시 좀 더 유리할 수 있다. 또한 파티셰는 제빵기능사, 제과기능사 등의 자격증을, 그리고 푸드스타일리스트는 조리사 자격증을 취득하면 취업을 하거나 업무를 수행하는 데 유리할 수 있다.

특히, 호텔에 취업하려면 호텔경영사, 호텔관리사, 호텔서비스사 자격증을 취득을 권한다. 호텔서비스사는 호텔의 현관·객실·식당의 접객 업무를 담당하고자 하는 호텔리어에게 필요한 자격증이다.

04 입사지원서(Job application letter)

(1) 입사지원서의 필요성

회사의 채용전형 지원 시 작성하여 제출하는 서식으로 '입사지원서'란 회사 따위에 취직하기를 바라는 사람이 그 내용을 적어서 내는 서류로 이력서, 자기소개서

도 여기에 해당한다. 급변하는 국내외 기업 환경으로 인해 기업의 인재상 또한 많은 변화를 보이고 있다. 그 중에서 가장 두드러지게 변화하는 것이 바로 입사지원자의 외적인 배경보다는 실질적인 능력과 조직구성원으로서의 자질을 조금 더 중시한다는 점이다. 그렇기 때문에 지원자의 내실을 평가할 수 있는 구체적인 자료 중 하나인 입사 지원서의 중요성은 더욱 커지고 있다.

(2) 입사지원서의 구성과 내용

입사지원서는 보통 이력서와 자기소개서로 구성된다. 이력서 부분은 개인의 신상명세와 학력, 경력을 중심으로 사실관계를 기술하도록 되어 있으며, 자기소개서는 자신의 성장배경, 자신의 능력, 회사 지원동기, 미래포부 등을 기술하게 하여 그 사람의 인성과 능력을 1차적으로 판단하는 자료로 활용하고 있다.

대기업의 경우 입사지원서를 별도 양식으로 만들어 사용하고 있어 그 기업에 지원하고자 하는 사람은 해당 기업의 입사지원서를 이용하여 작성한 후에 접수시켜야 한다. 최근에는 인터넷을 이용한 입사지원서 접수가 일반적이다.

반면 중소기업의 경우 대부분 이력서를 제출하도록 하고 있으나 일반서식 1호의 이력서(일반문구점에서 파는 이력서 양식)를 사용하도록 하고, 별도의 자기소개서를 첨부하여 제출하도록 하고 있다. 이밖에도 최근에는 형식이 없이 자유롭게 본인의 개성을 살린 자유양식의 이력서와 자기소개서를 요구하기도 한다.

또한 취업 포트폴리오를 요구하는 기업이 늘고 있으며, NCS(국가능력표준)에 맞춘 입사지원서를 요구하는 기업도 늘고 있는 추세이다.

- 이력서
- 자기소개서

입사지원서 작성 시 유의사항

① 검증을 거쳐 거짓 없이 솔직하게 작성하라

온라인으로 작성되는 대부분의 이력서 학점란에는 소수점 둘째 자리까지 입력하도록 되어 있다. '-0.01인데 어때?'라는 생각으로 이를 무시한 채 생각 없이 반올림하여 적는 경우가 많다. 때문에 '허위기재'로 판명, 서류전형에서부터 고배를 마시는 경우가 있다. 학점은 명확하고 솔직하게 적어야 한다.

흔히 인사담당자(면접관)의 호감을 얻기 위해 자신을 포장하는 경우가 있는데 과대포장은 곧 드러난다. 서류전형은 설사 통과하더라도 면접이나 수습기간 중에 사실이 아닌 것으로 판명되면 문제가 커진다. 솔직하게 사실만 적어야 한다는 것을 명심하라.

② 기업체에서 제시하는 자격요건과 양식을 확인하라

인사담당자들 말에 따르면 서류접수시, '꼭 하라는 것은 안하고, 하지 말라는 것은 하는' 지원자가 의외로 많다고 한다. 모집공고에 안내문구를 제대로 읽어보지 않고 응시부문과 연락처 등을 제대로 밝히지 않는가 하면, 회사의 지원양식을 지키라고 했는데도 다른 이력서를 제출하는 경우도 있고, 기본 기입항목은 빈칸으로 놔두고 쓸데없는 자기자랑만 늘어 놓는 경우도 있다고 한다. 창의적인 것은 좋지만 제멋대로인 지원자는 원하지 않는다는 것을 기억하라.

③ 자신을 표현하되, 예의를 지켜라

인터넷에 익숙한 구직자들 사이에서 채팅용어가 알게 모르게 포함되어 있거나 심지어 이모티콘(^^. ^^;)이 포함된 경우도 있다. 이는 의미전달 문제를 차치하더라도 진지하지 못한 이력서로 평가될 수 있기 때문에 피하는 것이 좋다.

또한 시간이 없어 평소 가지고 있던 폰카나 디카 사진을 제출한다든지 심지어 적절하지 못한 복장을 입고 있는 사진이나, 스냅사진 등을 증명사진에 넣는 지원자도 있다.

이력서는 공식적인 문서이며, 인사담당자와의 첫 만남이기도 하다. 첫인사는 예의를 갖추는 것이 상대방에게도 좋은 인상을 준다는 것을 기억해야 한다.

④ 지원회사의 회사명은 반드시 확인해라

A사에 지원하면서 이력서나 자기소개서에 'B사에 지원하고 싶습니다'라고 적는 지원자가 의외로 많다. 아무리 내용이 좋고, 훌륭한 인재라고 해도 절대 선발할 수 없는 휴지통행 지원자가 되는 것임을 명심해야 한다.

또한 회사명은 반드시 회사 홈페이지 등을 참조하여 정확하게 작성해야 한다. 예를 들어, 우리가 알고 있는 모두투어의 경우 회사명은 ㈜모두투어네트워크이다.

아울러 이력서를 제출하기 전에 오탈자는 없는지 점검하는 것은 기본이다. 기본적으로 알고 있어야 할 맞춤법이나 표준어를 틀린다든지, 어려운 용어나 한자를 썼는데 틀렸다면 지원자의 지식이나 학력이 의심될 수밖에 없다. 특히 지원자들이 많이 틀리는 것 중 하나가 '호주와의 관계'로 호주 쪽에서 본 자신의 관계를 말하는 것으로, 호주와의 관계를 적을 때 父, 母로 적는 것이 아니라 長男, 三女 등으로 기재해야 한다.

⑤ 다른 사람 지원서 커닝은 역효과

이력서를 검토하다 보면 커닝이 의심되는 이력서가 적지 않다. 취업족보나 가이드북, 혹은 커뮤니티에 돌아다니는 '잘된 이력서 예'에서 나오는 획일적인 문구 등도 피해야 한다. 이런 문구는 금방 인사담당자들 눈에 띄게 마련으로 실제로 이런 문구가 눈에 띄면 그 지원자에 대한 호감이 떨어진다고 한다.

자신만의 이야기, 자신에게 맞는 스토리로 작성한 이력서라야 자신을 효과적으로 알릴 수 있다는 것을 잊지 말자.

(참조: 열혈남아 블로그 http://blog.naver.com/lseonghyeonl/70077954476)

관광
서비스업
취업뽀개기

CHAPTER **02**

이력서

01 이력서의 개념

    이력서(履歷書, résumé)는 취업을 위한 면접의 기회를 얻기 위해 회사 등 조직에 제출하는 개인의 신상정보, 학력, 경력 등을 시간 순으로 요약 혹은 나열한 문서이다. 영어, 프랑스어로 레쥬메이(résumé)라고 하며 커리큘럼 바이티(curriculum vitae)를 줄여 CV라고 부르기도 한다.

    채용기관의 채용 담당자가 어떤 사람을 채용하기 위해서 처음으로 접하는 문서가 바로 이 이력서이다. 이러한 이력서를 가지고 앞으로 면접을 더 볼 것인지를 결정하게 된다.

    일반 목적의 이력서에는 신상정보, 학력, 경력 등 간단한 정보만이 들어가지만, 목적에 맞게 작성하는 이력서도 있다. 이러한 이력서에는 자신의 직무적합성을 위한 경력기술, 직무경험 등을 상세히 기록하기도 한다(위키백과).

그림 2-1 지원자가 생각하는 낙방이유

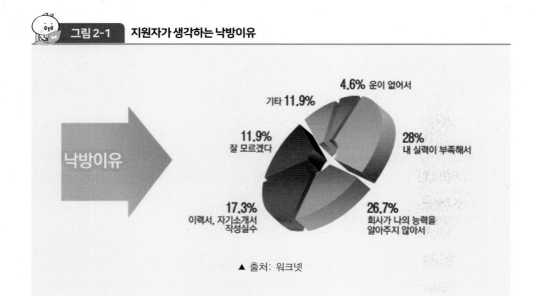

낙방이유

4.6% 운이 없어서

기타 11.9%

11.9% 잘 모르겠다

28% 내 실력이 부족해서

26.7% 회사가 나의 능력을 알아주지 않아서

17.3% 이력서, 자기소개서 작성실수

▲ 출처: 워크넷

다시 말해, **이력서는 지원자 자신의 능력과 경험을 체계적으로 정리한 문서로** 자기 홍보를 위한 광고지라고 할 수 있다. 따라서 정성을 다해 상품으로서의 자신을 알릴 필요가 있다.

알아 둬야 하는 것은 채용 담당자가 한 장의 이력서를 검토하는 데 걸리는 시간은 평균 30초로 길어도 2분을 넘기지 않는다고 한다. 짧은 시간에 이력서 한 장으로 취업의 당락이 결정된다는 것이다. 따라서 이력서 작성에 정성을 기울여야 하는 것은 너무나도 당연하다(워크넷).

02 이력서 작성 키 포인트(Key point)

「이력서도 결국은 문서다. 간소화와 수치화가 문서의 가독성을 높인다.」

■ 업무 및 업적 성취 결과에 대해 자세히 기록한다.

이력서는 자신이 그 직무에 가장 적합한 인재라고 설득하는 보고서로 자신이라는 상품성을 홍보하여 세일즈한다는 생각으로 반드시 이전 업무의 내용과 결과, 특히 자신의 능력을 충분히 홍보할 수 있는 내용을 중심으로 작성한다.

■ 이력서에 연도와 날짜를 정확하게 기입한다.

인사담당자는 지원자가 직장을 여러 곳 옮겨 다니거나 오랜 실직상태를 고의로 누락시키려 한다고 생각할 수도 있다. 연도에 맞게 그대로 기록하되, 자기소개서 등을 통해 그에 대한 사유를 설득력 있게 표현하는 것이 현명한 방법이다.

■ 관련 없는 정보는 과감히 뺀다.

이력서는 1페이지나 길어야 2페이지이다. 따라서 불필요하다고 느껴지는 부분은 삭제하는 것이 좋다. 그러나 현재 지원하는 분야와 관련 있는 부분이라면 단기간의 경험(**예** 현장실습 등)이라도 기술하도록 한다.

표 2-1 인사담당자의 체크 흐름

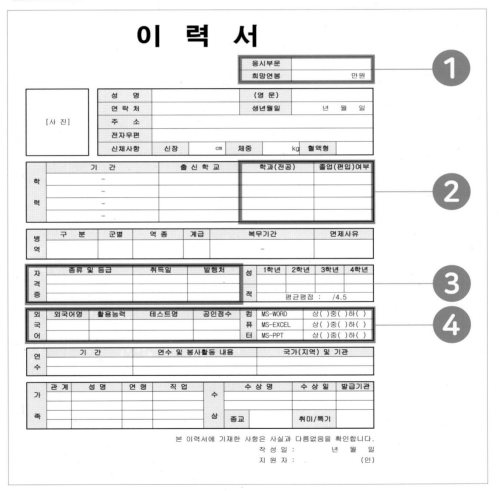

■ **사소한 부분에도 주의를 기울인다.**

맞춤법과 띄어쓰기는 가장 기본적인 사항으로, 아무리 좋은 학벌과 화려한 경력으로 무장된 이력서라고 할지라도, 오·탈자가 있다면 탈락 0순위가 된다. 작성한 후에는 반드시 몇 차례 확인해야 한다.

표2-2 이력서 작성 샘플 1

<표2-2> 이력서 작성 샘플 1

㈜oo투어 입사지원서

'사면춘풍으로 고객에게 다가가는 여행인'

성 명	이미래	(한자: 李賀恩) / (영자: LEE, MIRAE)
생 년 월 일	2000년 04월 13일	핸드폰: 010- 2000- 0000 / 자 택 : 031- 200- 7000
현 주 소	경기도 안양시 만안구 안안길 22	
SNS	instagram : dream._2000	
E-MAIL	gkdms.413@daum.net	
희망연봉	회사 내규에 따름	희망지원부서 여행상품기획/개발부

학력

졸업년월	학 교 명	학점	주 /야	소재지
2019.09. 현재	연성대학교 관광과 광영어전공(재학중)	3.85 / 4.5	주간	안양시
2018.03.02	전주대학교사범대학고등학교 (졸업)		주간	전주시

신체

신장	167cm	취미	영화보기,웹툰보기	흡연여부	비흡연	보훈	비대상
체중	51kg	특기	글쓰기	혈액형	B형	병역	비대상

수상경력

일시	관련기관	내용	비고
2018.11.01	연성대학교	English spech contest	장려상 수상
2018.02.06	전주대학교사범대학부설고등학교	성적 우수상	중국어
2016.05.16	전주대학교사범대학부설고등학교	모범상	바른생활로 학생들에게 모범
2015.12.30	전주대학교사범대학부설고등학교	학급생활 수필쓰기	동상 수상
2015.12.15	전주대학교사범대학부설고등학교	독서 감상문 쓰기 대회	우수상수상
2015.11.10	전주대학교사범대학부설고등학교	현장학습보고서 대회	장려상 수상

교내활동

일시	관련기관	내용	비고
2018.11.13	연성대학교	비즈니스 커뮤니케이션	비즈니스 커뮤니케이션특강 참여
2018.10.15 -12.07	연성대학교	토익 700+ 특강	대외협력단 토익특강 참여
2018.10.10	연성대학교	모의토익 경시대회	YBM에서 실시한 모의토익 대회 참여
2018.04.09 -06.01	연성대학교	Cafe-Englishcafe	일상적인회화로인해언어실력향상
2018.04.09 -06.01	연성대학교	JLPT 외국어 아카데미	일본어에 대한 관심을 가지게 됨
2018.04.27	연성대학교	외국인 멘토멘티	베트남 친구에게 한글을 가르쳐 줌

자격증

일시	자격증명 (점수)	발급기관	외국어	과목명	점수
2018.07.16	월드스팬 예약 발권	Travelport		TOEIC RC	A+
2018.02.28	ITQ 한글 엑셀 (A)	정보기술자격센터		TOEIC LC	A+
2011.03.17	ITQ 한글 파워포인트 (B)	정보기술자격센터		호텔실무회화	A+
2010.08.03	ITQ 아래 한글 (B)	정보기술자격센터		실용중국어	A+

가족사항

관계	성 명	생년월일	직장	직위
부	이회선	1959.12.19		
모	백회선	1960.12.02	어린이집 교사	교사

귀사의 사원채용 시험에 응시하고자 하오며 상기사항에 일체 허위 기재 사실이 없음을 확인합니다.

2019 년 월 일 지원자 (인)

■ 그림이나 여러 가지 색깔 등으로 이력서를 화려하게 치장하지 마라.

빈약한 내용을 만회하기 위해 그림과 현란한 색깔을 사용한 이력서는 잠깐 눈에 띌 수는 있지만 인사담당자에게 절대 신뢰감을 줄 수 없다.

■ 이력서 필수사항은 반드시 작성한다.

중요한 경력사항이나 학력사항이 빠진 이력서는 자기소개서나 자격증 사본을 첨부했다 하더라도 효과적으로 자신을 PR하기 어렵다. 이력서는 자기소개서의 요약본이라고 생각하고 필수사항은 기재하도록 한다.

03 항목별 이력서 작성

(1) 지원업체명과 제목

'작은 차이가 명품을 만든다'는 말은 취업에도 적용된다. 구직활동에서 다른 지원자와 차이를 만드는 것은 그만큼 취업경쟁력을 갖는다는 것을 의미한다. 이 중 하나가 인사담당자 눈에 쏙 들 수 있는데 놓치기 쉬운 것이 **지원업체명**과 **입사지원서의 제목**이다.

먼저 지원업체명은 사업자등록증에 나와 있는 업체명으로 기입한다. 업체 홈페이지를 보면 쉽게 알 수 있다. 여행업체 중 하나투어를 예를 들면 '**하나투어 입사지원서**'가 아니고 '**㈜하나투어 입사지원서**'라고 써야 한다.

이력서의 제목은 입사지원서 안의 내용만큼 그 내용이 함축된 제목이라야 한다. 따라서 지원직종이나 직무에 맞추면 된다. 내가 어떤 인재인지, 직무에 얼마나 적합한 사람인지, 직무를 얼마나 알고 있는지 등을 알 수 있도록 작성한다.

제목을 작성할 때는 존경하는 인물이나 명화 속 명언 등을 작성하는 것도 좋은 방법이며, 책의 목차에 나와 있는 소제목들을 벤치마킹하는 것도 방법이다. 문제는 너무 흔하지 않으면서도 한 눈에 띌 수 있는 것이 관건이다.

너무 간단하거나 너무 긴 문장을 되도록 피하고, 4~5문장으로 간결하게 자신이 지원한 분야와 관련된 경력사항이나 전공 등을 언급하는 것이 좋다. '패기, 끈기, 노력, 최선, 도전, 신뢰, 열정, 활발' 등 흔한 단어는 피하는 것을 권한다.

이력서 제목

<이력서 제목 추천 예시>

- 세상에서 가장 강한 사람은 자기 자신을 이기는 사람이다.
- 사면춘풍으로 고객에게 다가가는 여행인
- 웃음은 마음을 사로잡는 최고의 전략
- 언제까지 남의 지도만 기웃거릴 것인가? 나만의 여행지도를 그리다.

<이력서 제목 비추천 예시>

- 열정을 다하는 인재 ***
- 성실하고 책임감 있는 인재
- 패기와 열정으로 최선을 다하겠습니다.
- 긍정적인 마인드의 소유자

(2) 지원구분과 지원분야

채용담당자가 이력서를 볼 때 관심을 가지고 보는 것 중 하나가 **지원분야, 지원업무, 지원직무**이다. 즉, 내가 담당할 일 또는 업무이다. 따라서 지원분야와 관련있는

전공자인지, 관련있는 경력이 있는지 등 이력서 작성의 핵심이 될 수 있는 것이 바로 이 지원분야(지원업무)이므로 신중하게 작성해야 한다.

작성방법은 채용공고의 지원구분(신입/경력/인턴/아르바이트/실습 등)과 지원분야(세부분야)와 동일하게 작성하도록 한다.

표 2-3 **지원구분과 지원분야**

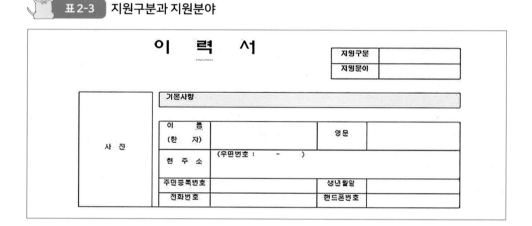

이 밖에도 가끔은 희망연봉을 표기하도록 하는데 신입의 경우 보통은 신입사원의 연봉이 정해져 있으므로 섣부르게 작성하지 말고 '회사내규에 준함'이라고 작성하는 것을 권한다.

반면 경력의 경우는 본인이 원하는 연봉을 적는다.

? 무엇이 문제인가?

한국전자의 핵심 시각디자이너가 되겠습니다.			
지원분야	디자인	희망급여	1억

(3) 인적사항(기본사항, 기초사항) 작성

1) 인적사항의 구성

인적사항은 성명, 주소, 연락처, 이메일 주소, 생년월일 또는 주민번호, 홈페이지, 블로그, SNS(Social Network Service), 사진, 보훈대상 등으로 구성된다.

 표 2-4 지원구분과 지원분야

	성명	[한글] 이정희 [한자] 李廷姬 [영문] Lee, Jeonghee		
	주민번호	000101 - 2123456 (만 19세)		
	현주소	경기도 안양시 동안구 동안로 14(호계동, 장미아파트) 701-4303		
	휴대폰	010-9002-7003	비상연락처	010-2007-7003
	E-mail	kjin12@gmail.com	SNS/블로그/ 홈페이지	www.kodomong.com
	보훈대상	해당 없음	보훈번호	해당 없음

2) 인적사항 작성방법

① 성명

성명은 보통 한글, 한자, 영문명을 기재한다. 예를 들어 '홍길동'이라는 이름을 작성할 경우 성과 이름을 띄어 쓰지 않고 붙여 쓰거나 '홍√길√동'이라고 한 자 한 자 띄어 써도 무방하다.

한자는 주민등록증에 있는 것으로 바르게 작성해야 한다. 특히 관광서비스업계에서는 본인의 한자명은 물론 고객의 한자명도 적어야 할 상황이 발생하기 때문에 한자를 익혀두는 것이 좋다(예: 홍길동→洪吉童, 洪吉童). 만약 한글이름이라 한자 없는 경우 성만 한자로 쓰고 이름은 한글로 쓴다(예: 이하늬→李하늬, 박차오름→朴차오름)

영문성명 작성에서는 성과 이름의 순서로 띄어쓴다. 이름은 붙여쓰는 것을 원칙으로 하되, 음절 사이에 붙임표(-)를 쓰는 것을 허용한다.

예

- 민용하 : Min Yongha (Min Yong-ha)
- 송나리 : Song Nari (Song Na-ri)
- 한복남 : Han Boknam (Han Bok-nam)
- 홍빛나 : Hong Bitna (Hong Bit-na)

② 주소

현주소의 경우 주민등록상의 주소를 기재하는 것이 원칙이다. 만약 주민등록상의 현주소와 실제 거주지가 다를 경우 반드시 이력서 하단에 실제 거주지를 기록하도록 한다. 또한 집과 지원하는 업체와의 '거리'는 서류합격에 있어서 매우 중요한 영향을 미치는 경우도 있다. 때문에 희망기업이 거주하는 곳과 거리가 먼 곳이라면, 실제 거주하고 있는 주소를 적되 희망기업에 꼭 다니고 싶은 이유, 출퇴근 문제에 대한 대답을 반드시 준비해 두는 것이 좋다.

예

1) 비록 귀사와 저희 집이 거리가 있지만, 저의 부지런한 점을 되새겨 성실하게 다닐 자신이 있습니다.
2) 근거리에서 자취할 의사가 있기 때문에 다닐 수 있습니다.

③ 연락처 & 이메일

서류 혹은 면접에 합격이 되면 이력서에 적힌 연락처와 이메일로 연락이 오기 때문에, 정확하게 적는다. 연락처에는 본인이 받아 볼 수 있는 핸드폰 번호와 집 전화 번호를 적는다.

연락처는 실제 연락 가능한 전화번호를 기재한다. 집 전화와 휴대전화번호 및 e-mail도 바르게 기재한다. 집 전화가 없을 경우 '해당 없음'으로 표기하기보다는 연락 가능한 가족의 연락처를 쓰고 관계를 쓰는 것을 권한다.

④ 생년월일 또는 주민등록번호

생년월일 역시 주민등록 등·초본상에 등재된 것을 기록한다. 만 나이를 기재하는 난이 있을 경우 원서 접수일을 기점으로 산출하고, 국가공무원 채용일 경우에는 시험일을 기점으로 산출하여야 한다.

예

> 만 나이 산출방법은 현재의 해에서 내가 태어난 해를 빼면 되는데 생일이 지났으면 뺀 나이 그대로가 만 나이이고, 생일이 안 지난 경우는 -1을 해주면 된다.
>
> 예: 1999년 12월 23일 생의 경우 만 나이 계산
>
> 2019-1999= 만 20살(단, 생일이 지나지 않았을 경우 만 19살임)

주민등록번호의 경우 주민등록상의 번호를 정확히 기록해야 한다. 어떤 회사에서는 불법적인 방법을 동원해 면접 전에 그 사람의 개인 신상을 확인하는 곳도 있을수 있다. 가벼운 실수로 자신의 주민등록번호 하나 제대로 기록 못하는 사람으로 평가받을 수 있으므로 유의한다. 물론 최근에는 개인정보보호 차원에서 주민번호 전체를 쓰도록 하지 않는 경우가 늘고 있다. 요즘은 이력서 외에 개인정보활용동의서를 요구하는 업체가 늘어나고 있다.

여행 블로그 사례

여행쟁이 김군 블로그 http://8910.tistory.com/

소셜미디어 : 페이스북 운영사례

여행에 미치다 https://www.facebook.com/travelholic1

⑤ 홈페이지/블로그/SNS

요즘은 홈페이지를 운영하거나, 블로그 등 소셜미디어 계정을 표기하도록 하는 업체가 늘고 있다. 소셜미디어 활동은 특히 영업업무나 마케팅부서의 경우 인재를 선발하는 데 더욱 중요한 항목이다.

인사담당자가 직접 들어가서 구직자가 어떤지(친구 수, 갖고 있는 생각 등)를 파악할 수 있는 동시에 관리를 잘하지 못하고 있을 경우 단점이 될 수도 있기 때문에 본인의 장점을 부각시킬 수 있다고 생각될 경우 적는 것이 바람직하다. 구직자들은 자신의 소셜미디어 내용 중 부정적인 인상을 전달할 수 있는 부분은 미리 정리하는 것이 바람직하다.

⑥ 사진

관광서비스업체에 지원하는 경우 이력서에 붙이는 사진은 생각보다 매우 중요한 비중을 차지한다. 따라서 지원하는 업체와 업무에 맞게 취업사진을 준비하는 것이 좋다. 일반적으로는 다음과 같은 내용을 고려해서 사진을 준비한다.

그림 2-2 이력서 사진의 중요성

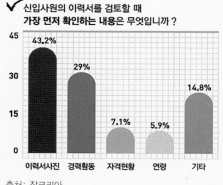
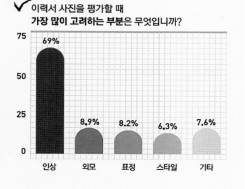

출처: 잡코리아

- 3개월 이내에 촬영한 것으로 단정하고 밝은 좋은 인상을 주는 사진
- 즉석 사진이나 스냅사진, 포토샵 처리 사진 등은 절대 삼가
- 재킷 또는 블라우스 차림의 정장에 화장과 단정한 헤어스타일로 촬영
- 온라인으로 이력서를 제출할 경우에는 제대로 스캔하여 이미지 파일로 첨부
- 지나친 액세서리는 피하는 것이 좋음

잡코리아가 조사한 설문에 따르면 기업 인사담당자는 신입사원의 이력서를 검토할 때 가장 먼저 확인하는 것이 사진(43.2%)이라고 대답했으며, 사진을 평가할 때는 '인상(69%)'을 가장 많이 고려하는 것으로 나타났다.

알아보기 **사진 찍는데 돈이 아깝다?**

지원자 중에는 사진은 아무 곳에서나 저렴한 곳에서 찍어도 된다는 생각을 가지고 있을 수도 있으나 지원하는 업체의 입장에서 생각해 보기를 권한다.

예를 들어 연봉 3,000만원을 받는 곳에 지원하면서 사진 찍는데 1만원도 아깝다는 생각을 갖고 있다면 인사담당자로서는 지원자에 대해 다시 생각해 보지 않을까.

사진은 '성의' 문제다. 나를 가장 잘 보여줄 수 있는 사진을 찍어야 한다.

또한 신입사원을 선발할 때 지원자의 사진이 합격 여부에 영향을 준다고 답했으며, 이력서 사진을 평가하는 이유는 38.6%가 지원자의 성향을 추측할 수 있고, 그 다음은 지원자의 성의(32.3%)를 보기 위해서라고 답했다.

사진 제출 시 부적절한 사진은 다음과 같은 경우다.

- 정장재킷이 없는 셔츠차림
- 얼짱 각도사진
- 포토샵 처리가 많이 되어 있는 경우
- 액세서리를 착용하고 있는 사진
- 튀는 색으로 염색한 사진
- 보통 이력서 사진은 반명함판이 많은데 이를 맞추기 위해 다른 사이즈의 사진을 오려 붙인 사진
- 집에서 대충 찍거나, 단체사진 등에서 오려 낸 사진, 중·고등학교 때 사진

⑦ 보훈대상

'국가보훈 기본법'에서 희생·공헌자와 그 유족 또는 가족으로서 국가보훈 관계 법령의 적용대상자가 되어 예우 및 지원을 받는 사람을 말한다. 보훈대상자의 경우 보훈대상자라고 쓰고 보훈번호를 작성하며, 대상자가 아닐 경우는 빈칸으로 두지 말고 '해당 없음'으로 작성한다.

(4) 신체사항(신상정보)

이력서 작성 시 꺼려지는 사항이 바로 신상정보, 신체사항이다. 최근 들어 개인정보보호 등의 이유로 공공기업 및 대기업을 필두로 점차 개인 신상정보나 신체정보는 요구하지 않는 추세인 것은 확실하지만 아직까지 관광서비스업체에서는 신체정

보를 요구하기도 한다. 이유야 물론 고객을 최일선에서 만나 서비스하기 때문이라고 할 수 있지만 향후에는 지금과는 달라지지 않을까 조심스럽게 예측해 본다.

　만약 신상정보를 요구하는 경우 업무를 수행하는 데 어떤 신체조건을 갖춰야 할지를 생각하면서 최대한 사실대로 작성한다.

 **표 2-5** **신상정보 작성 사례**

신상정보	키	몸무게	혈액형	흡연 여부
	173cm	58kg	AB (RH+)	비흡연
	결혼 유무	취미	특기	–
	미혼	여행, 독서	운동, 요리	–

　신상정보 항목 중 본 교재에서는 신상정보 중 업무의 특성에 따라 특별히 중요하게 여기는 부분일 수 있으므로 정확하게 작성하는 것을 권한다. 또한 취미와 특기의 경우는 다음을 참조하여 작성하는 것을 권한다.

　이력서에서 소홀하게 생각하기 쉽지만 인사담당자가 중요하게 보는 사항이 바로 취미와 특기이다. 따라서 지원자는 이 부분을 소홀히 하지 말고 신중하게 작성하는 것을 권한다.

1) 취미

　취미는 본인이 즐겨하거나 좋아하는 것을 말한다. 본인이 진짜 취미로 하고 있는 것 중 직무와 연관성을 고려하여 적는다. 취미와 관련한 에피소드를 간략하게 적는다.

노래하기

저는 노래를 부르는 것을 좋아합니다. 일주일에 한 번은 노래방에 꼭 갈 정도로, 노래 부르는 것을 좋아합니다. 우울할 땐 발라드 그리고 화가 나는 일이 있을 땐 댄스 곡을 불러 스트레스를 해소하곤 합니다.

2) 특기

특기는 남들과 다른 나만이 가지고 있는 기술이나 능력을 말한다. 특기의 경우도 하고자 하는 업무와의 연관성을 고려하여 적는다. 만약 특기가 없다면, '각오 한마디!'로 수정하여 적어도 된다.

예) 저는 태권도 4단입니다. 집에 가는 길이 무섭지 않습니다.

알아보기　**얕보지 마라! 취미와 특기**(지원 직무와 인재상에 적합한 인재임을 어필하라.)

특기 = 기술과 재능
즉, 능력을 어필하는 항목

취미 = 사랑하고 즐기는 것
즉, 인생관을 표현하는 항목

구직자들의 선호 취미/특기		
순위	취 미	특 기
1위	영화감상	고민상담
2위	독서	축구, 야구 등 구기운동
3위	음악감상, 노래부르기	컴퓨터 관련 특기
4위	축구, 야구 등 구기운동	노래부르기
5위	여행	독서

이력서에 가족·신체사항 등 작성 제한된다

행자부 '개인정보 수집 최소화 가이드라인' 마련

'쿠키'로 홍보·마케팅목적 정보수집 때 동의 필요

사진	이름								
	생년월일								
	주소								
	채용 계약시 가족사항 등 개인정보 수집은 불필요함								
	전화번호	집 전화				E-mail			
		휴대전화				비상연락처			
신체사항	신장	체중	혈액형	시력	기타		종교	취미	특기
가족사항	관계	성명	연령	학력	직업		직위	동거여부	

<사례 1> 채용 계약과 관련없는 가족사항 등 과도한 개인정보 수집

▲ (자료=행정안전부 제공)

앞으로 기업·공공기관 등이 직원 채용 시 이력서에 가족·신체사항 등 불필요한 개인정보를 작성하는 것이 금지된다.

29일 행정안전부에 따르면 개인정보의 수집 목적이 명확하지 않거나 수집 목적에 비해 과도한 개인정보 수집 관행을 개선하기 위해 '개인정보 수집 최소화 가이드라인'이 마련된다.

이에 이력서나 입사지원서에 채용 계약과 관련이 없는 가족사항, 신체사항 등은 수집이 제한된다.

또 고객 연락처를 확보할 때도 집과 직장의 전화번호, 주소와 핸드폰 번호 등을 모두 수집할 수 없다.

웹사이트를 이용하는 과정에서 자동으로 생성되는 정보를 수집할 때 수집 목적과 항목, 보유 기간 등을 개인정보 처리방침에 공개해야 한다.

홍보·마케팅 등 서비스 제공과 관련이 없는 개인정보를 쿠키 등을 통해 수집할 때는 정보주체의 동의를 받아야 한다.

쿠키는 웹사이트의 ID와 비밀번호를 반복해 입력하는 번거로움을 줄일 목적으로 사용자 PC에 만들어지는 임시파일이다.

아울러 개인정보의 제3자 제공 동의를 받을 때 중요한 사항(개인정보를 제공받는 자, 제공받는 자의 이용 목적, 제공하는 개인정보 항목 등)은 큰 글자와 색채, 부호 등을 사용해 명확하게 표시해야 한다.

이와 함께 정보주체가 동의 여부를 선택할 수 있을 때는 선택 사항임을 명시하고 동의 거부를 이유로 다른 서비스 이용을 제한하거나 온라인에서 다음 화면으로 넘어가지 못하게 해서는 안 된다.

이외에도 온라인에서 개인정보 수집 동의서를 작성할 때 기본값으로 '동의함'을 선택한 것으로 설정해서는 안 되며 홍보·마케팅을 목적으로 개인정보를 수집하면서 '부가서비스 제공'이나 '제휴서비스 제공' 등으로 표현하는 것도 금지된다.

법령에 따라 주민번호를 수집할 수 있는 경우에도 본인 확인을 위해서는 주민번호 대체수단인 공인인증서나 휴대폰 인증, 아이핀 등을 사용하도록 권장했다.

주민번호 대체수단도 법령에서 요구하는 경우 등에 한정하도록 제한했다.

[신아일보] 문경림 기자 rgmoon@shinailbo.co.kr(2016.11.29.일자 기사)

(5) 병역사항

 표 2-6 병역사항 작성 사례

병역사항	군필 여부	군별	계급	병과
	해당 없음	해당 없음	해당 없음	해당 없음
	입대연월	제대연월	제대구분	면제사유
	해당 없음	해당 없음	해당 없음	해당 없음

군필자의 경우만 작성한다. 여학생의 경우는 병역사항 칸을 삭제하거나 '해당 없음'으로 표기하는 게 좋다.

예) 대한민국 육군 제1기갑 여단 기갑 수색중대 병장 만기전역

(2015.01.01.~2017.01.01.)

(6) 학력사항 작성

학력사항은 순서대로 쓰는 것이 좋다. 보통은 고등학교 입학, 졸업부터 기재하며, 고등학교, 대학교 순으로 기재한다. 입학 및 졸업은 기간으로 표기(예:2000. 03. 02 ~ 2003. 02. 10) 한다. 이때 기간의 단위는 통일시키는 것이 좋다.

만약에 학력사항을 2015.03.02.~2018.02.12.라고 적었다면 다른 학력사항 외에도 경력사항 및 기타 기간을 표기할 때 2015.03~2018.02라고 쓰는 것보다 2015.03.02.~2018.02.12.라고 단위를 통일시키는 것이 좋다. 또한 월 앞에 '0'을 쓴다면 일 앞에도 '0'을 써서 통일시킨다.

학교명, 전공, 학점, 졸업 여부도 기재한다. 졸업 예정(마지막 학기)일 경우는 반드시 졸업 예정이라고 표기해야 한다. 만약 졸업예정 전, 즉 마지막 학기가 아닐 경우는 지원서 제출 날짜 현재 재학 중임을 명시해야 한다.(예: 2019.04.30. 현재 재학 중)

표 2-7 학력사항 작성 사례

	구분	입학연월	졸업연월	학교 및 전공	소재지	본/분	주/야	학점
학력사항	대학교	2017년 3월	2019년 2월 졸업예정	연성대학교 관광영어학과	안양	본교	주간	4.48 /4.5
	고등학교	2009년 3월	2012년 2월	서울여자 고등학교	서울	본교	주간	–

1) 학력사항 표기법

학력은 보통 고등학교 때부터 기입한다. 입학과 졸업 순으로 기재하는 것이 일반적이며, 졸업 및 입학 날짜는 졸업장이나 앨범 등을 찾아 정확히 기재하도록 한다.

- 1994년 3월 4일 서울 **고등학교 입학
- 1997년 2월 9일 서울 **고등학교 졸업
- 1997년 3월 6일 **대학교 ***과 **전공 입학
- 2001년 2월 8일 **대학교 ***과 **전공 졸업
- 졸업 예정자의 경우 '졸업 예정'이라고 쓴다.
- 재학 중인 경우 '재학 중'이라고 쓴다.

2) 기간의 정확한 표기법

이력서 내 모든 기간(학력사항/교육연수/자격증 등)의 표기법은 YYYY.MM.DD로 작성한다. 예를 들어 2014년 3월 2일 입학해서 2017년 2월 12일 졸업할 경우 바른 표기법은 2014.03.02.~2017.02.12. 또는 2014.3.2.~2017.2.12.로 표기하면 된다.

만약 지원하는 시점에 학생, 재학하고 있는 경우는 '재학 중'이라고 표기해야 한다. 예를 들면 '2014.03.02.~현재 재학 중'이라고 표기한다.

3) 학점 표기법

학점의 경우 평균학점을 작성하면 된다. 하지만 저학년 성적은 나쁘지만 학년이 올라갈수록 학점이 점점 더 좋아졌다면 학기별로 세분화해서 작성해 주는 것도 방법이다. 또한 저학년 때 학점이 매우 나빴지만 휴학 및 복학 후 학점이 좋아지는 사례도 있는데 이 경우 면접 시에 이에 대해 설명을 요구할 수 있으므로 적절한 대답을 준비해 두는 것이 좋다.

(7) 경력사항

경력사항을 기술할 때는 '최근 경력부터, 지원하는 직무와 관련있는 경력 순'으로 작성하는 것이 좋다. 경력에 담을 내용은 ▲ 정규직, 인턴 경험, 아르바이트 등을 기간별로 정리한다. ▲ 지금까지의 경험과 실적, 능력, 담당업무, 관심분야 등을 한 눈에 알아볼 수 있도록 일목요연하게 정리한다. ▲ 이때 가능한 지원분야와 연관되게 작성하는 것이 중요하다.

만약 지원하는 업무와 전혀 관련이 없다면 경력에 적지 않고 자기소개서를 통해 '이러한 업무를 통해 해당 업무에 도움이 되는 기술을 익혔다.'라고 언급해 주는 것이 좋다.

알아보기 **이런 경력은 빼자~**

본인에게 해가 되는 이력서 경력사항 알바 같은 것은 빼주는 것이 좋다.

또한 너무 짧은 기간, 단기간에 한 것까지 적게 되면 '이 사람은 끈기있게 한 가지 일을 하지 못하는구나.' 하고 부정적인 이미지를 심어줄 수 있다. 따라서 6개월 미만은 되도록 빼주는 것이 좋다.

물론 원래 단기간 아르바이트였다면 상관없지만 이리저리 직장을 옮겨 다닌 느낌은 주지 않도록 하자.

출처: 이력서 경력사항 | 작성자 towload

경력이 화려하고 많으면 좋겠지만 없다고 해서 부풀리거나 거짓으로 쓰면 안 된다. 경력을 작성할 때는 기업의 이름과 업무 내용, 근무한 기간을 적는데 단순한 나열식보다는 어떤 업무를 담당했고, 어떤 성과를 냈는지, 무엇을 배웠는지 등을 정리해서 기술하는 것이 좋다. 그래야 읽는 사람도 지원자가 무슨 일을 했고, 우리 회사에 들어왔을 때 어떠한 성과를 내겠구나 하는 생각을 갖게 된다.

특히 기업의 이름의 경우는 사업자등록증에 나와 있는 정확한 기업명을 쓰고, 업종을 함께 적는 게 좋다.

관광서비스업 **취업뽀개기**

 표 2-8 경력사항 작성 예시 1

	회사명	담당업무	직위	입사일	퇴사일	최종 연봉	이직 사유
경력사항	한국 마사회	vip고객안내, 음료 및 식사 접대	안내	2018.07	재직 중	월 80만원	
	교보 핫트랙스(주)	아르바이트생 관리, 물품 발주 및 관리	매니저	2016.11	2017.03	월 150만원	계약기간 만료
	㈜호텔롯데	하계실습(F&B업무, 프론트데스크 업무 등)	실습생	2016.07.01	2017.07.31	최저 시급	실습 종료
	한국 시네마	티켓발권, 고객 응대, 직원들 지원	멀티 드리미	2015.08	2016.06	월 80만원	계약기간 만료

 표 2-9 경력사항 작성 예시 2

	직장명	근무지	담당업무	근무기간
경력	㈜엔라인(난닝구닷컴)	서울시	IN/OUT bound 담당, 배송, 재고관리	2014.12~2015.11(11개월)
	ITX코리아유한회사 (자라 리테일 코리아)	영등포	신규직원 양성, 매출분석, 매장관리	2016.05~2017.07(1년2개월)
	한림대학교성심병원	안양시	간호부 사무 및 행사 보조	2017.09~2018.05(8개월)

1) 경력사항 표기법

① 관련분야의 경력을 부각시킨다.

아무리 다양한 경력을 갖고 있더라도, 정작 도움이 되는 것은 모집직종과 관련된 경력뿐이다. 경력 작성 시에는 지원하는 직종과 관련된 경력이나 그 일을 하는데 도움이 될 수 있는 경력만 집중해서 부각시키도록 한다. 지원 분야와 관련된 경력은 기간, 업무, 직책 등을 꼼꼼히 챙겨 기술하고, 관련분야와 상관없는 경력은 과감히 삭제하는 것이 좋다.

② 최근경력 중심으로 작성한다.

관련경력이 다양하다면 최근 것을 중심으로 기술한다. 인사담당자는 지원자의 과거보다는 최근 어떤 일을 했는지에 관심이 있다. 보통 지원 분야와의 관련경력 연수가 얼마나 많은가, 관련분야에서의 경력이 얼마나 최근인가 여부가 평가의 높은 부분을 차지한다.

③ 너무 짧은 기간의 경력은 과감히 삭제한다.

다양한 경험을 피력하는 것도 좋겠지만, 보통 재직기간이 6개월 미만인 경우는 경력 란에서 삭제하는 것이 좋다. 아무리 관련분야라고 하더라도 너무 짧은 기간의 경력(아르바이트 제외)의 나열은 경솔하고 참을성 없는 사람이라는 인상을 남기기 쉽기 때문에, 인사담당자에게 굳이 메뚜기 직장경력을 피력할 필요는 없다.

단, 신입사원의 경우는 경력이 없거나 아르바이트, 실습 등 짧은 기간의 경력만 있을 수 있으므로 짧더라도 지원하는 직무와 관련있는 경험 위주로 작성한다.

④ 사실적으로 작성한다.

경력의 중요도가 높아지면서 경력을 부풀려 작성하는 사례가 가끔 발생한다. 하지만 대부분의 경력사항은 업무에 바로 적용되기 때문에 허위로 작성된 것은 금방 들통 나게 마련이다. 경력은 있는 그대로 작성하는 것이 바람직하다.

 표2-10 경력사항 작성 before~after

• before

기간	소속	내용
2015년 3~5월	A사 대학생 마케팅스쿨	12주간 마케팅 교육
2015년 12월~2017년 2월	대학 연합 여행 동아리	국내 및 해외여행
2017년 9월~2018년 2월	교내 경영 학술 동아리	운영진 활동
2018년 2월~2018년 2월	B그룹 대학생 자원봉사단	자치회관 봉사활동 지역 아동 공부방 봉사
2018년 2~3월	C지역 라디오 방송국	라디오 프로그램 연출 교육 방송 참여 자원 활동
2019년 1~3월	한국관광공사 마케팅 공모전	마케팅 공모전 참여

• after

기간	소속	내용
2019년 1~3월 현재 진행 중	한국관광공사 마케팅 공모전	• 마케팅 전략수립 • '아이디어'로 본선 진출 • 경쟁 PT에서 3위 입상
2017년 9월~2018년 2월 (6개월)	교내 경영 학술 동아리	• 운영진 활동 • 18개월간 매주 마케팅 스터디 진행 • 3개사와 산학협력 프로젝트 진행
2015년 3~5월(3개월)	A사 대학생 마케팅스쿨	• 12주간 마케팅 기획실무 • 교육 수료

⑤ '단순나열형'보다는 '성과주의형'으로 작성한다.

경력사항을 작성할 때는 단순히 기업명, 업무, 근속년수 등을 늘어놓는 단순 나열식보다는 자신이 해온 업무와 성과를 자세히 기술하는 것이 효과적이다.

⑥ 신입의 경우, 관련분야 실습이나 아르바이트 경험도 경력으로 작성한다.

신입의 경우에는 관련분야 실습이나 아르바이트도 어느 정도는 경력으로 인정될 수 있기 때문에 모두 기재하도록 한다. 특히 호텔이나 여행사 등에서는 실습경험을 중요하게 생각한다. 단기간이라도 관련분야의 아르바이트 경험은 경쟁우위 요소가 된다.

(8) 교육 & 연수사항 및 동아리 & 봉사활동사항 작성하기

 표 2-11 교육 및 연수사항 작성 샘플

	기간	과정명 및 내용	기관 및 장소
교육 및 연수	2018년07월01일 ~2018년07월31일	청년층직업지도프로그램(CAP+)(청년 취업준비생의 직업진로 선택지원 및 취업서류 작성 및 면접기술 강화 등 구직기술 강화 프로그램)	경인지방노동청 부천지청 부천종합 고용지원센터
	2017년06월01일 ~2017년07월14일	여행사 현장실습(여행정보 수집, 여행상품 상담 및 여행상품 예약업무 담당)	참＊＊ 여행(주)
	2016년03월09일	호텔 현장견학(테이블매너, 서비스마인드 고취 특강 및 호텔 객실 인스펙션)	㈜파라＊＊＊ (파라＊＊＊ 호텔)
	2015년10월15일 ~2015년10월17일	스마일캠프(팀별 여행을 직접 계획 및 진행)	＊＊대학교

1) 교육 & 연수사항

학교, 시·도 및 각종 정부기관과 단체 등에서 실시하는 교육에 참여하고 수료한 적이 있으면 해당 내용을 기입한다. 순서는 지원 분야 관련교육이나 훈련사항 등에 대해 중요도 순으로 기재한다.

 **표 2-12** **교육 & 연수사항 표기법**

교육/연수		
기간	과정명 및 내용	기관 및 장소

2) 동아리 및 봉사활동사항의 구성 내용 파악하기

신입의 경우 교, 내외 활동의 기술은 경력직의 경력을 기술하는 일만큼이나 중요한 일이다. 먼저 교내활동 중 동아리 활동 등을 기술하며 동아리 '이름', '활동내역' '동아리 내에서의 본인의 위치' 등을 기술해야 한다. 이때 봉사활동 후 간단한 소감을 기재하는 것이 좋다.

각종 사회봉사활동 경험과 동아리 활동들을 상세히 언급하는 것이 유리하다. 특히 사회봉사활동 실적을 취업에 도움이 되게 하기 위해서는 봉사활동 확인서를 해당 봉사기관에서 발급받아 두어야 한다.

* 가장 먼저 직무와의 연관성을 고려하라

 표 2-13 동아리 & 봉사활동 표기법

동아리/봉사활동		
기간	동아리 & 봉사활동명 및 활동내용	기관 및 장소

(9) 자격(면허), 수상경력 및 장학금 수혜사항 작성

1) 자격(면허)사항의 구성 내용 파악하기

경력, 경험, 자격사항은 이력서의 항목 중에서 인사담당자의 시선이 가장 오래 머무는 곳이다. 이는 신입, 경력 상관없이 매우 중요한 부분이며 이 항목의 준비 여부가 합격 여부를 좌우 할 정도로 지원자의 역량으로 가장 중요하게 판단하는 추세다.

• 신입의 경우 관련분야 자격증이 객관적인 실력을 가름하는 기준이 되기도 함.
• 관련분야의 자격증을 우선순위로 하여 작성할 것
• 자격증 취득일, 자격증명, 발령기관(청) 표기

 표2-14 자격(면허)증 작성 사례

	자격(면허)증명	발급기관	취득일
자격 사항	국외여행인솔자	한국여행업협회	2019.02.27
	토파스 셀커넥 항공예약2급	토파스여행정보(주)	2018.06.25
	SMAT	한국생산성본부	2018.03.17
	비즈니스커뮤니케이션	한국능률협회	2017.10.20
	ITQ 아래한글(A)	정보기술자격센터	2017.07.06
	MOS 2016(Specialist)	마이크로소프트	2017.05.06
	리더십 지도사 1급	한국경영인재개발원	2014.03.25
	스피치 지도사 1급	한국경영인재개발원	2014.03.25
	고객관리 지도사 1급	한국경영인재개발원	2014.03.25
	컴퓨터그래픽스운용기능사	한국산업인력공단	2010.06.18

2) 자격사항 표기법

① 취득일 : 정렬순서와 연관이 있다. 통상적으로 최근에 취득한 자격이 희망직무와 연관성이 높고 활용도가 가장 뛰어나다고 보기 때문에 시대역순으로 정렬한다.

② 자격명 : 지원하는 직무와 연관성이 높은 자격부터 작성한다. 예를 들어 여행사 OP에 지원하는데 국외여행인솔자 자격증과 토파스 셀커넥 항공예약 자격증이 있다면 국외여행인솔자 자격증을 우선적으로 작성하는 것이 좋다. 또한 워드프로세서 2급, 워드프로세서 1급, 이렇게 2가지 자격이 있다면 높은 등급 한 가지만 기재한다.

그림 2-3 관광통역안내사 자격증

 그림 2-4 국외여행인솔자 자격증

 그림 2-5 토파스 셀커넥 항공예약2급 자격증

 그림 2-6 SMAT 자격증

③ 발행기관 : 동일한 자격이 2가지 있을 때, 공신력 있는 발행기관 자격을 기재한
다. 국가자격과 민간자격이 있다면 당연히 국가자격을 기재한다.

3) 외국어 능력사항 작성요령

• 외국어 점수가 있을 경우 점수 표기

 표 2-15 자격(면허)증 작성 사례

	시험종류	점수	응시일자	주관처	능력
외국어					상, 중, 하
					상, 중, 하
					상, 중, 하
					상, 중, 하

4) 수상경력

수상경력 란에 꼭 필요한 3가지 요소 '수상일자, 수상명, 수여기관' 등 해당 내용을
기입한다. 순서는 지원하는 분야와 적합한 순서, 최근에 취득한 순서로 기재한다.

 표 2-16 수상경력 작성 사례

	수상연월일	수상명	수여기관
수상 경력	2018. 11. 1	ENGLISH SPEECH CONTEST	연성대학교 관광과 관광영어전공
	2016. 7. 25	영어경시대회	매향여자정보고등학교
	2014. 12. 30	회계금융 경진대회	매향여자정보고등학교
	2014. 11.19	교내콘텐츠공모전 (UCC)	매향여자정보고등학교
	2012. 12. 30	교내실용한자 경시대회	매향여자정보고등학교

5) 교육이수사항 및 기타사항

- 지원하는 분야와 관련된 교육사항이 있으면 함께 기재
- 교육기간, 교육기관, 교육내용 명시
- 직무에 도움이 되는 기타사항이 있으면 기재
- 교육내용 및 효과 등에 대해서 작성
- 장학금 내용 작성

 표 2-17 교육 및 기타사항 작성 사례

	일시	관련기관	내용	비고
교 육 이 수 및 기 타 사 항	2018.05.13	연성대학교	특별한 여행, 마에스트로트래블 CEO 특강	다양한 여행사 & 외항사 관련 설명, 안내
	2017.11.11	연성대학교	피플앤트래블 여행사 CEO 특강	여행사의 업무, 직종 설명 및 안내
	2017.09.10.~ 2017.09.12	카네기평생 교육원	MVP 진로 리더십 캠프	자신감, 리더십 개발, 인간관계 증진
	2017.09.01.~ 2018.02.28	연성대학교	2017학년 2학기 1학년 A반 부대표 임명	–
	2018.02.25	연성대학교	2017.2학기 교내 성적 특종 장학금 수혜	학과 1위
	2017.12.20	연성대학교	교내 모의토익 경시대회 입상	은상 수상
	2017.11.20	연성대학교	2017.2학기 지도교수 추천 장학금	–
	2017.09.21	연성대학교	2017.1학기 교내 성적 특종 장학금 수혜	학과 1위
	2017.05.06	연성대학교	2017.1학기 지도교수 추천 장학금	–
	2017.04.10	연성대학교	교내 모의토익 경시대회 입상	동상 수상

(10) 가족관계사항 작성

가족관계는 본인을 기준으로 작성한다. 한글로 쓰든지 한자로 쓰던지 상관없지만 정확하게 작성해야 한다. 동거 부는 동거, 비동거로 쓰거나 ○ 또는 ×로 작성한다.

 표 2-18 가족관계사항 작성 사례

	관계	성명	연령	최종학력	직장명(직업)	직위	동거 여부
가 족 사 항	부(父)	김대현	52세	대학교 졸	㈜한국렌탈(회사원)	부장	○
	모(母)	이나라	48세	대학원 재학 중	더불어민주당(시의원)	정치인	○
	형(兄)	김강민	27세	대학교 재학 중	명지대학교 사회체육학과	학생	×

 그림 2-7 가족관계 표기와 그림

출처: https://haezzal.tistory.com/111

자유양식 이력서 작성

(1) 자유형식 이력서

최근에는 지원자의 다양한 면모를 파악하기 위해 특별한 양식을 요구하지 않고, 지원자가 자유롭게 작성하는 '자유형식의 이력서'를 요구하는 업체가 많아지고 있는 추세다. 자유양식 이력서를 작성할 때 먼저 알아 둘 것은 본인에게 유리한 항목들로만 가득 채운다는 것이다. 즉, 불리한 항목들은 없애고, 본인을 어필할 수 있는 내용으로 최대한 자세하게 작성한다.

 자유양식 이력서 작성 포인트

- 지원분야에 맞는 실력을 갖추었는가? (회사에 들어와서 일을 잘 할 것인지?)
- 업무에 적응할 수 있는 자질이 있는지? (힘들다고 금방 그만둘 사람인지?)
- 성격은 어떤 사람인지? 인성이 잘 된 사람인지? (팀원들과 잘 어울려서 일을 잘할 사람인지?)
- 사고력, 창의력, 인내심, 소신, 주관이 있는지? (우리가 찾는 인재인지?)
- 열정과 절실함이 있는지? (우리 회사에서 정말 일을 하고 싶어 하는지?)

(2) 자유양식 이력서 항목별 작성방법

자유양식 이력서의 항목도 기본적으로는 양식이 정해진 이력서와 동일하다. 다만, 내용을 작성할 때 본인에게 맞게 필요한 항목만 작성하면 된다. 따라서 기본 이력서에 들어가는 인적사항, 학력사항, 경력사항, 자격증사항, 수상 및 기타사항 중 본인이 역량과 본인이 지원하는 지원부문과 맞춰 필요한 것을 자세하게 작성한다.

! 자유 양식 이력서 샘플

" 일신일신우일신(日新日新又日新)의 자세로 고객에게 서비스하다 "

■ 인 적 사 항

지원분야 : 공항 지상직
이 름 : 김 정은 (영문: Kim, Jeongeun)
주민번호 : 960328 - ******
자택전화 : 010 - 6511 - 9999(오)
휴 대 폰 : 010 - 6511 - 0000
E - Mail : ahd795@naver.com
주 소 : 경기도 안양시 동안구 동편로 110, 307동 1003호

■ 경 력 사 항

※ 교외활동

2016. 06 ~ 2016. 12	다이쇼켄 라멘 서버 및 캐셔
	–캐나다 현지 레스토랑에서 일하며 현지인의 생활방식을 경험함
2015. 04 ~ 2016. 02	홍콩벽 홍콩냉면 서버 및 매출관리
	–고객 서비스를 성실히 이행하고 가게 내에서 프로모션을 계획 및
	실행을 통해 경력을 쌓음
2016. 12. 29 ~ 2017. 01. 09	미국 뉴욕, 라스베가스, LA 자유여행
	–미국여행을 스스로 계획하여 책임감을 키우고 미국문화와 예절을 체험함
2016. 08. 01 ~ 2016. 08. 04	캐나다 요키산맥 여행
	–여행사를 통한 요키산맥 여행에서 전문 TC(Tour Conductor)의 역할을
	간접적으로 배움

※ 교내활동

2017. 04 ~ 2017. 06	English Conversation Cafe 수업참여
	–영어로 진행되는 영어토론, 사람들과의 대화를 통해 어학능력을 키움
2017. 04 ~ 2017. 06	Global Writing Clinic 수업참여
	–영문 취업준비서류(Resume와 Cover Letter) 작성법을 배움
2015. 11. 10 ~ 2015. 12. 13	일본 오사카, 나라, 교토로 국외답사
	–일본답사를 통해 일본의 역사와 문화에 대해 자세히 알게 됨
2015. 06. 22 ~ 2015. 06. 23	2015년 취업캠프
	–모의 면접을 통해 포커 페이스 !
	작성 실력을 키움
2015. 04. 28 ~ 2015. 04. 28	Sheraton Seoul D Cube City H
	–Food & Beverage 부서에서 고?

■ 상 벌 사 항

- 2015. 12. 17 CS캠프 수료증을 취득함
- 2015. 06. 23 2015년 취업캠프 수료증을 취득함
- 2015. 04. 28 Sheraton Seoul D Cube City Hotel 수료증을 취득함

■ 자 격 증 사 항

2016. 08	Translation and Interpretation 취득(Concordia International University)
2015. 09	고객관리 지도사 1급 자격증 취득(한국경영인재개발원)
2015. 09	리더십 지도사 1급 자격증 취득(한국경영인재개발원)
2015. 09	Emergency First Response 자격증 취득(Emergency First Response Corp)
2015. 09	자동차 운전면허 2종 보통(경기지방경찰청)

■ 외 국 어 능 력

영어: 외국인과 원활한 대화 가능 (Mid-Intermediate)
토익: 800점 취득 2017.10. (YBM)
일본어: 외국인과 기본적인 소통 가능

■ 학 력 사 항

2015. 03 ~ 2018. 02 (졸업예정)	연성대학교 관광과 관광영어전공 (4.1/4.5학점)
2016. 02 ~ 2016. 05	International House Language School, Vancouver, Canada
	–ESL Course (English as a Second Language)
2016. 05 ~ 2016. 12	International House Language School, Vancouver, Canada
	–Customer Service Program
2012.03 ~ 2015. 02	부흥고등학교 졸업

상기 내용은 사실과 다름이 없음.

2017년 11 월 16 일

지원자 김 정은 (인)

- 제목 및 지원서에 회사명 작성 : 우선 제목은 나를 함축적으로 표현할 수 있는 문장 또는 희망하는 직무에 어떤 적합한 인재인지를 한 문장으로 표기한다(예: 日新日新偶日新의 자세로 고객에게 서비스하다 – 공항지상직 지원자). 또한 입사지원서라고 표기하기보다는 회사명을 함께 적는 것이 좋다. 예를 들면 여행업체 중 '롯데관광'에 지원한다면 '롯데관광개발㈜ 입사지원서'라고 작성하는 것을 권한다.
- 인적사항 작성의 경우 이름, 연락처 등 기본 이력서 내용을 작성한다.
- 제목과 인적사항을 작성한 후의 나머지 항목의 경우 지원하는 직무와 나의 역량을 보여 줄 수 있는 내용을 고려하여 순서를 바꿀 수 있다. 즉, 학력사항, 활동사항, 경력사항, 수상내역, 기타사항 등은 순서를 본인이 정하여 작성하고, 본인에게 불리한 내용은 과감히 빼는 것이 좋다.

05 외국어 이력서

(1) 영문이력서 작성하기

1) 영문이력서의 특징, 종류, 형식

해외취업이나 파견 등의 이유가 있는 기업의 경우 영문이력서를 요구하는 게 대부분이다. 아울러 관광업체 중 특급호텔의 경우 대부분의 업체가 영문이력서를 요구한다. 영문이력서를 쓸 때는 자신의 학력, 학점, 경력 그리고 자격증만 나열해서는 안 된다.

영문이력서를 미국에서는 Resume라고 하고 영국에서는 Curriculum Vitae, 줄여서 C.V라고 한다. 영문이력서의 가장 큰 특징은 정해진 서식이 따로 없다는 점이다. 보통 자유양식으로 작성하는데 군이 이력서의 형식을 나누자면 직무능력을 강조한 순서로 작성한 이력서(Functional Resume)와 최근의 경력을 시작으로 역시대 순서로 작성한 이력서(Chronological Resume)로 나눌 수 있다.

영문이력서의 구성항목도 한글이력서와 별반 다르지 않다. 즉, 인적사항(Personal Data), 학력(Education), 특기(Special Qualifications), 상(Awards), 업적(Accomplishments), 자격(Qualifications), 면허(Licences) 등으로 구성된다. 추가로 추천인 항목(References)이 있을 수 있는데 요구 시 제출(Available on request) 또는 Furnished upon request라고 적혀 있는데 이는 작성하지 않아도 무관하다. 참고로 추천인 항목은 본인의 능력이나 자질에 대해 보증할 수 있는 제3자로 부모, 형제, 친척은 포함되지 않는다.

예

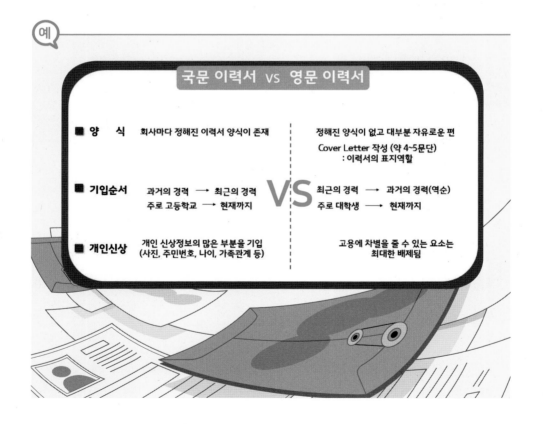

국문 이력서 vs 영문 이력서

		VS	
■ 양 식	회사마다 정해진 이력서 양식이 존재		정해진 양식이 없고 대부분 자유로운 편 Cover Letter 작성 (약 4~5문단) : 이력서의 표지역할
■ 기입순서	과거의 경력 → 최근의 경력 주로 고등학교 → 현재까지		최근의 경력 → 과거의 경력(역순) 주로 대학생 → 현재까지
■ 개인신상	개인 신상정보의 많은 부분을 기입 (사진, 주민번호, 나이, 가족관계 등)		고용에 차별을 줄 수 있는 요소는 최대한 배제됨

① 기능적 형식(Functional Resume)

기능적 형식의 이력서는 자신의 능력과 업적 등을 중심으로 기능별로 구분해 쓰는 형식이다.

이 형식은 지원하고자 하는 분야에 자신의 경력을 강조하여 담당자의 시선을 끌 수 있다는 장점이 있으나 학력, 경력상의 단점 등을 은폐하려 한다는 오해를 사기 쉽고 경력의 추이가 명확하게 드러나지 않는다는 단점이 있다.

② 연대기적 형식(Chronological Resume)

연대기적 형식은 보편적으로 사용되어 왔던 작성방법으로 작성자의 개인정보, 학력, 경력 등의 순서로 최근 사항부터 오래된 순서로 서술하는 이력서이다. 장점으로는 자신의 경력의 흐름에 비중을 둬 다음 취업일자와의 연속성이 부각된다. 하지만 특정 업무경력을 강조하기 어렵고 자칫 긴 실직기간 등을 부각시킬 수 있다.

최근에 가장 인기 있는 이력서 형식은 기능적, 연대기적 형식 이력서의 단점을 보완하고 장점을 결합한 혼합형 이력서(Combination Resume) 형식이다. 자신이 내세울 만한 경력사항을 가장 먼저 배치하여 강조하고 뒤에 날짜, 직위의 흐름 등에 대한 사항을 역시대 순으로 제시한 형식이다. 인상적인 업무성과를 보여줄 수 있을 뿐만 아니라 시간 순 정리에 대한 요구도 만족시키는 형식이다.

2) 국문이력서와 영문이력서의 차이점

영문이력서와 국문이력서의 가장 큰 차이는 앞서 말한 것처럼 형식이다. 만일이라도 국문이력서의 형식을 그대로 영문으로 번역하여 제출했을 시 불합격으로 이어지기 쉽다. 영문이력서는 국문이력서와 같이 사진, 가족사항, 희망연봉 등까지 적어야 할 필요가 없다.

외국계 회사는 국내 기업과 문화의 차이가 있기 때문에 개인의 신상이나, 가족관

계 등은 중요하게 생각하기보다는 입사지원자의 역량을 최대한 판단하기 위한 도구로 이력서를 확인한다. 외국계 기업에서는 채용을 진행할 때 국내 기업에 비해서 채용분야(Job Description)를 명확히 제시하는 편이다. 즉, 채용이 진행되는 자리의 업무범위나 직책이 명확하게 정해져 있어 거기에 대응되는 실력을 갖춘 인재를 요구한다.

따라서 영문이력서를 작성하고자 한다면 국문이력서의 고정관념에서 벗어나 직무에 대한 이해도를 강조하며 자신의 경험과 자격이 얼마나 해당 기업에 적절한지 효과적으로 어필하는 것이 중요하다.

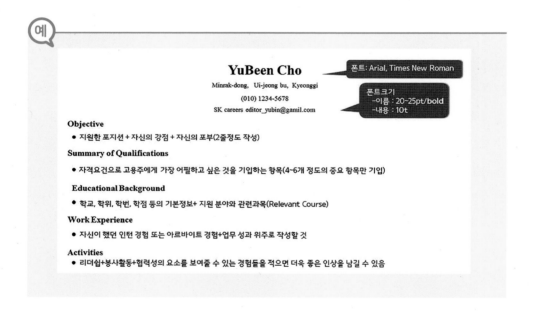

3) 영문이력서 작성 팁

① 기본적인 점검사항

영문이력서 작성 전후에 꼭 체크해봐야 할 기본적인 점검사항이다. 영문이력서는 MS word로 작성해야 하며, 글씨체는 Times New Roman, Calibri, 또는 Arial만 허용된다는 점을 유의하여 작성한다. 글자 크기는 12포인트에서 최소 10포인트를 사용해야 하며 반드시 검정색으로 작성해야 한다. 또한 이력서 내용에서 중요한 부분이나 강조하고 싶은 부분은 Bold 나 Italics로 표시하면 된다.

② 채용분야에 맞는 이력서를 써라.

앞서 말한 것처럼 영문이력서에는 자신의 경험과 능력이 얼마나 해당 직무에 연관되어 있는지 어필하는 것이 중요하다. 관련 업종에 잠시라도 일했던 경험이 있거나 교육을 받은 적이 있다면 이런 내용까지 모두 기재하여 자신을 PR해야 한다.

③ 읽기 편하게 작성하라.

인사담당자들은 하루에도 몇 백 통의 이력서를 확인하게 된다. 2~3초 만에 눈길을 사로잡는 이력서가 되기 위해서는 분량이 너무 길어서는 안 된다. 그래서 많은 채용담당자들이 한 장짜리 이력서를 선호한다. 또한 이력사항 등의 나열에 순번을 주고 사이사이 적절한 여백을 둬서 읽기 편하게 구성하는 것이 좋다.

④ 피해야 할 사항

이력서 내용에 개인적인 요청이나 기업에 무언가를 요구하는 내용은 넣지 않는 것이 좋다. 또한 자신의 능력을 과장하지 않고 솔직하게 표현해야 하며, 나이나 성별, 인종, 종교 등에 대한 언급은 피하는 것이 좋다.

4) 작성순서

영문이력서를 작성하는 순서는 자신의 인적사항을 시작으로 목표, 경력, 병역의 순으로 작성하면 된다.

① Head (Personal Data)

② Objective

③ Education

④ Work Experience

⑤ Certificates/ Skills/ Qualification

⑥ Achievement

⑦ Extra-curricular Activities

⑧ References

① 인적사항 (Personal information)

먼저 이름, 주소, 이메일 그리고 휴대전화번호와 같은 인적사항을 적는다. 어려운 부분은 없지만 주소의 경우 작은 곳에서 큰 곳의 순서로 작성한다는 점이 다르다.

- 이름, 주소, 전화번호 등 개인정보를 도표형식으로 작성한다.

- 영문이름(English Nick Name)과 뒤에 한글 본명을 영어로 같이 작성해서 지원자의 이름을 기억하기 쉽게 할 수 있다. ex) Andy Park (Park, Young Soo)

- 영문으로 주소를 기입 시, Republic of Korea 뒤에 우편번호도 마지막에 꼭 작성한다. 추후 채용 시 비자발급건으로 우편물이 발송되므로 주소, 전화번호는 정확히 기입한다.

- 대학이름, 전공(Major), 졸업연도(Graduation Date), 희망부서(Desired Field of Training), 출근가능날짜 (Available Start Date), 휴학 여부(Leave of Absence)를 작성한다.

- 본래 영문이력서에 사진은 불필요하나, 채용담당자 입장에서는 외국인 신분을 채용하는 것이기 때문에 사진을 부착해서 신뢰감을 주는 게 좋다.

- Skype ID 기입: 면접은 대부분 화상으로 진행되기 때문에 작성한다.

② **희망직종**(Professional objective)

어떤 업무에, 왜 지원하는지, 특정 직무 포지션에 왜 본인이 적임자인지를 객관적으로 증명 가능한 능력 위주로 간결하게 작성한다. 즉, 자신이 원하는 포지션을 기입하면 된다. 이를 위해 먼저 미리 해당되는 회사의 포지션들을 알아보고 쓰면 좋은데 만약 모른다고 하더라도 자신의 전공과 관련된 분야에서 일하고 싶다는 의사를 밝히면 된다.

ex) A entry-level marketing position in the travel industry that will utilize my English skills and knowledge of marketing business practices

③ **학력사항**(Education)

학력은 최신순으로 작성하며 고등학교부터 작성하는데, 학교의 소재지까지 작성하는 게 좋다. 직업전문교육, 컴퓨터 전문교육 등 수료 시에는 관련 수료증을 첨부하여 증빙할 수 있도록 한다.

④ **경력**(Work experiences)

재취업이나 이직을 하는 경우 이 부분이 가장 중요한 파트다. 이 또한 역순으로 지금까지의 경력을 쓰는데 최신 순으로 작성하되, 근무했던 회사와 직무 그리고 기간과 내용들을 상세히 적으면 된다. 그렇다고 자신의 능력을 어필하기 위해서 자신이 희망하는 직무와는 상관성이 많이 떨어지는 내용까지 다 적어 넣기보다는 관계가 있어 보이는 내용들로 빈칸을 채워나가는 것이 좋다.

> • 최근 순으로 작성하며, 담당했던 업무를 작성할 때는 주어 'I'는 생략하고 액션 동사를 사용하여 적극적인 느낌이 들도록 한다.
>
> 액션 동사(verb) 예시: Created, Achieved, Designed, Planned, Organized, Performed etc

> • 재직 중일 때는 현재형으로, 퇴직했을 경우 과거형으로 작성하고, 업무내용을 수치화하여 상세히 기재한다.
>
> ex) Conducted phone surveys and campaigns, with total of 500~1,000 calls
>
> • 업무내용 작성 시 같은 단어를 계속 사용하면 복사+붙여넣기 이력서 느낌이 들기 때문에 다양한 액션 동사를 사용하여 인상적인 영문이력서를 작성한다.

⑤ 자격증과 특기사항(Certificate & Special achievement)

이 부분은 영문이력서를 작성하는 방법 중 가장 쉽다. 그냥 자신이 소지하고 있는 자격증을 적어두면 된다. 이와 더불어 자격증 사본을 첨부하는 것도 잊지 말아야 한다. 구직 목표에 맞추어 지원자가 지니고 있는 기술을 나열한다.

ex) 문서작성기술, 언어 등

• 영어가 다소 부족하더라도 Intermediate 이상으로 기입하고, 외국어 스킬도 세분화해서 적는 게 좋다. (Speaking / Writing)

• Certifications에는 지원자가 받은 상장, 장학금 내용을 기재하고, 특히 개근상은 성실성과 모범적인 자질을 보여주기 때문에 빠짐없이 작성하며 증빙자료를 함께 제출한다.

• 군대복무기간 중 수상경험이 있다면 기재하여 차별성을 줄 수 있다.

• 국내 자격증이 해외에서 효력이 없다고 하더라도, 지원자의 전문성을 어필할 수 있기 때문에 작성하는게 좋다.

영문이력서 샘플 - 호텔 프론트데스크 지원자

Elly J Bakeee
662 Sheraton Apt.
Sindorim-dong, Guro-gu,
Seoul, 08209
(010)1234-5678
Elly.J.B@gmail.com

Objective   A position of service attendant at front desk

Qualifications Advanced level of International Communication in English with TOEIC 990 and intermediate English speaking ability.

General knowledge of and experience using spreadsheet, database, project management, and MS software.

Strengths   Work effectively as a team member.
Excellent interpersonal skills, service mind.
Strong sense of responsibility and detail-oriented.
Training in using common work processing, presentation software. Superior writing, editing, and design layout skills.
Good work ethic.

Education   English major, complete the whole course, graduating student, Korea University, 2014. Earned a 4.0 grade point average on a 4.5 scale.

Exchange English major in New York University, NY, 2012.

Korea High School, Seoul, Republic of Korea, diploma, 2009. Graduated in top 1 percent of class.

Leadership &   A member of Customer Service team at Korea Best,
Experience   an export company in Seocho-dong, Seoul. (2014~2016)

Guidance teacher of English speaking class in Korea English Club in Seocho-dong, Korea.(2013~2014)

A President at English Speaking Club in Korea University. (2009~2014)

Volunteer for Disabled Kids in Korea Center, Seoul (2010, 6 hours per month).

A class president for 3 years in high school.(2006~2007)

1216room 729-24 ○○○-dong
○○-gu S.KOREA
TEL : +82-2-835-6993
Christine

JOB TARGET

Seeking position as Hotel Manager.

EMPLOYMENT SUMMARY

○○○ Inn, San Diego, CA
Reservations Manager, January 1997 to Present
Controlled and balanced daily bookings and reservations. Trained staff concerning computerized reservation system. Inputted group tour requirements and information. Optimized room rate through variety of means to gain ADR and occupancy. Manager on duty.

○○○ Hotel, Oakland, CA
Guest Service Supervisor, August 1995 to January 1997
Responsibilities included training new front desk employees, conducting checking in and out of guests, and handling special customer requests.

○○○ Digital Corporation, San Diego, CA
Customer Support Agent, October 1994 to August 1995
Handled customer concerns and complaints. Researched technical issues for customers. Responsible for training Quality Assurance personnel on implementation of new software.

EDUCATION

○○○ Community College, El Cajon, CA
A.A., General Education, Minor: Nutrition, June 1994
Specialized in surgical nursing. Graduated with honors.

REFERENCES

Available upon request

영문이력서 샘플 - 여행업체 지원자 이력서

Ji Yoon Shin

#934-25, Samsung-dong,
Gangnam-gu
Seoul

Tel : 02-XXX-XXXX
Cellur : 010-2716-XXXX
E-mail: shin-jiyoon@hanmail.net

JOB OBJECTIVE Operation Manager

EXPERIENCE

1999.9 ~ Present *Daewoon International,* Seoul
Assistant Tax Director/ Senior Tax Counsel
- Responsible for tax research and tax planning making recommendations and implementing them.
- Recruited, organized and trained a professional staff of seven capable of providing effective and timely tax planning guidance.
- Increased the short term utilization of foreign tax credits.

1996.3 ~ 1999.8 *Koason Inc.,* Seoul
Tax Manager
- Prepared tax returns for corporations, partnership, trusts, and indivisuals.
- Reviewed capital transactions of foreign subsidiary operations.

EDUCATION

1996.3 ~ 1998.2 *University of Michigan Graduated School of Business,* USA
M.A.Degree, major in Accounting - GPA : 3.9

1991.3 ~ 1996.2 Hankook *University,* Korea
B.A. Degree, major in Business Administration - GPA : 3.7

PROFESSIONAL AFFILIATIONS

- C.P.A. admitted to practice in Michigan (1997)
- Tax Executives Institute

SPECIAL SKILLS Computer

- Able to program in DBASE III and C
- Academic courses in systems design and EDP auditing
- Practical Practical experience with automated accounting systems

REFERENCES

Available Upon request

Sample Resume

Kim OO   Resume

DATE OF BIRTH / AGE:	2 March 1985 / Age OO
ADDRESS:	2 Fitzroy Road, Richmond, Victoria 3021
CONTACT NUMBER:	+61 3 9330 0000 +61 OOO OOO OOOO
E-MAIL ADDRESS:	OOO@someemail.com
NATIONALITY:	Korean

Type of Visa	Working Holiday Visa
EDUCATION:	RMIT University, Melbourne, Australia (February 2002 – June 2004), Master of Arts (Media & Communications), First Class Honours.

OTHER LANGUAGES:	German – Fluent (speaking and writing)
SKILLS & TRAINING:	Knowledge of Microsoft Suite, Internet Explorer, LotusNotes, Diary Management, Writing and Editing. Assessment Centre Training, IPA 2002.

CAREER HISTORY

Oct 04 – Current   *The Age newspaper*
Assistant to the Deputy Editor and Beauty Editor

- Assisting the Deputy Editor with her copy, correspondence, diary and personal affairs;
- Handling enquiries from PRs, internal employees and readers;
- Liaising with publishers regarding book extracts and features;

Feb 00 – Aug 04   *Jane Dooley Recruitment Pty Ltd*
(Onsite) Recruitment Consultant/Facilitator

- Managing the relationship between temporary employees and clients;
- Facilitating discussions, counselling and terminations of temporary employees;
- Managing recruitment intakes for clients;

INTERESTS / ACTIVITIES:	I play classic piano, enjoy creative writing, cooking and dancing.
REFERENCES:	References on request

영문이력서 샘플 - 기타 영문이력서 작성

First Name + Last Name

Address : _____

Phone : _____ Cell : _____ E-mail : _____

OBJECTIVE   Motivated (department) school student/graduate seeking a (desire field) assistant position to help develop and implement (desired field) projects.

EDUCATION   **School Name**. City. Country   graduation month. year
Bachelor of_____ Degree
Major : _____ Minor : _____
Related Course : _____

School Name. City. Country   graduation month. year
Certificate
Major : _____
Completed (Course Title)

EXPERIENCE   **Company Name**. City. Country   starting month. year ~ ending month. year
Position Title
Job Description

Club/Volunteer. City. Country   starting month. year ~ ending month. year

SKILLS

Skill	Level	Experience
Foreign Language	Fluent	____year
Business Skills	Expert	____year
Computer Skills	Proficient	____year

REFERENCES   Available upon Request

Certification
Sept. 2015   TOPAS(Airline Reservation) Certificate, TOPAS Co. Ltd., Korea
Jun. 2015   SMAT(Service Management) Certificate, Korea Productivity Center, Korea

Skills
-Excellent Excel Skill
-Proficient in TOPAS
-Very Good Command in Photoshop
-Native Korean
-Fluent in English (TOEIC 900)
-Very Good Command in Chinese (HSK Level 5)
-Basic Communication in Japanese

Awards
Sept. 2015   Academic Scholarship, Yeonsung University

Others
Oct. 2016   Driver's License, Seoul Police Agency, Korea

References
Available upon Request

Curriculum Vitae
Yeonsung Kim

Mobile Number: +82-10-9250-XXXX   Email: yskim@email.com
Home Address: 101-1004 Hana Apt., 34, Yanghwa-ro 37beon-gil, Manan-gu
            Anyang-si, Gyeonggi-do 14011, South Korea

Objective
To obtain a Tour Operator position

Summary
-skilled in TOPAS
-two years' experience as a tour operator

Experience

Jan. 2016 ~ Dec. 2017	Staff, Japan Tour Sales Team
	Hana Tour, Seoul
Mar. 2014 ~ Dec. 2014	Part-time Server, Food & Beverage
	Hyatt Hotel, Seoul

Education & Training

Mar. 2014 ~ Feb. 2016	Yeonsung University, Anyang, Korea
	Associate Bachelor Degree of English and Tourism
Jul. 2015 ~ Aug. 2015	On-the-Job Training, Food & Beverage
	Server, VIPS, Pyeongchon Branch
Jun. 2014 ~ Jul. 2014	ESL study, Vancouver International College
	Vancouver, Canada

⑥ **병역**(Military service)

자신의 병역이행 여부를 적어 주면 된다. 면제 시라면 'Exempted From military service'라고 적어주면 된다. 복무를 마쳤다면 입대날짜와 전역날짜를 기입하면 된다. 요즘은 여자들도 ROTC제도로 군대를 다녀오는 경우가 있어 여성이라도 병역란에 적을 것이 있을 수 있다.

⑦ **추천인**(Reference)

마지막으로 추천인을 적는다. 신원이 확실한 사람으로 이름, 직위, 번호와 사인을 기재한다. 이 부분은 필수사항은 아니고 일부 기업에서만 요구하니 필요하다면 받아 가면 된다.

(2) 일문이력서 작성하기

최근 일본은 구인란이 심각할 정도로 1명당 취업자리가 3곳이 있다고 할 정도로 취업하기 좋은 환경이다. 특히 IT기업, 서비스업(호텔, 면세점, 여행사) 등 해외에서도 다양한 일자리가 보장되어 있다. 우리나라에서도 연 1, 2회 부산, 서울에서 일본 취업 박람회가 개최되고 있다.

최근 취업난을 겪고 있는 한국 학생들에게 일본 기업은 취업환경 및 조건, 유사한 문화, 거리적으로 가까운 데 따른 이점 등의 이유로 해외 취업국가 중 단연 유망한 일자리로 인식되고 있다. 글로벌 인재확보를 시급한 경영과제로 인식하는 일본 기업이 늘어나고 있고 외국인 유학생 채용기업 또한 크게 증가하고 있다.

관광서비스업계에서도 일본의 호텔, 여행사, 면세점 및 외식업체에 취업을 원하는 관련학과 학생들이 증가하고 있는 추세이다.

일문이력서는 취업 희망자의 신상정보 및 학력과 경력사항 등을 일문으로 작성한 문서를 말한다. 외국계 기업 등의 취업을 희망하는 사람은 상세한 이력사항을 일문

그림 2-8 한눈에 보는 일본 취업정보

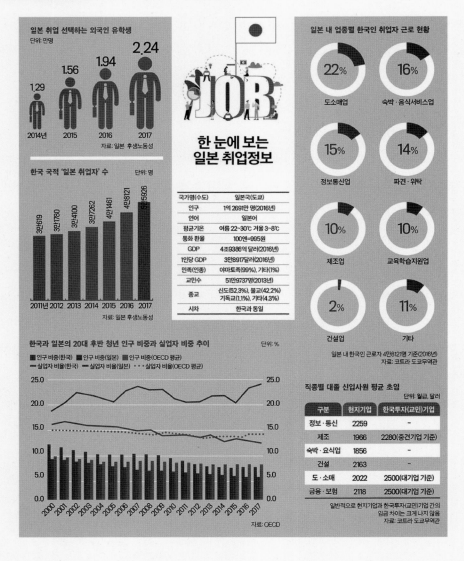

으로 기재하여 해당 기관에 제출한다.

　일문이력서 작성 시 입사를 희망하는 회사에서 요구하는 직종과 본인의 경력 중 일치하는 사항이 있다면 상세하게 기술해야 한다. 또 경력 기재 시에는 근무기간과 회사명 및 소재 도시, 직위, 직무 내용 등을 정확히 기재하도록 한다. 구성항목은 성명, 생년월일, 주소, 학력, 경력, 자격 및 면허 등이다.

1) 일문이력서 엔트리시트(Entry Sheet)

　엔트리시트란 이력서, 자기소개서 등 자신을 소개하는 것을 하나로 정리한 것으로 일본 기업에서는 대부분 신입사원 채용 시 엔트리시트 작성을 요구한다. 수많은 지원자를 거르는 가장 첫 관문으로 이 단계를 통과해야 이후 단계인 웹 테스트, 면접 전형 등에 응시할 수 있다.

　엔트리시트의 내용은 기업에 따라 다르며, 질문이 없는 A4용지를 주고 자유롭게 작성하라는 기업도 있는데, 이때 공백이 많거나 가독성이 좋지 않으면 더 이상 살펴보지 않고 탈락하게 된다. 또한 작성한 내용은 이후 선발과정에서도 참고가 되므로 면접 전형 등에서 해당 내용에 대해 어떻게 대답할 수 있을지까지 생각하여 작성해야 한다.

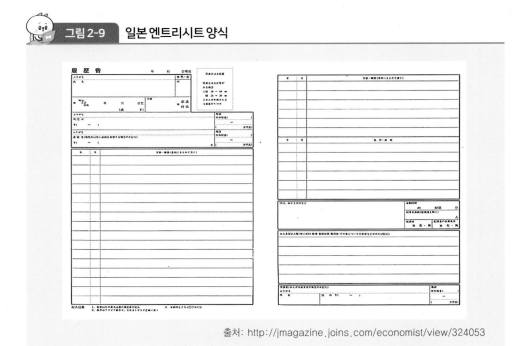

그림 2-9   일본 엔트리시트 양식

출처: http://jmagazine.joins.com/economist/view/324053

2) 엔트리시트의 내용

기업에 따라 차이는 있으나, 대부분 개인정보, 지원동기, 자기PR 등의 항목으로 되어 있다.

우선 개인정보는 성명, 나이, 생년월일, 전화번호, 주소, 출신 학교, 소지자격 등으로 있는 그대로 적으면 된다.

지원동기의 경우는 기업에 입사하여 어떤 일을 해보고 싶은지 자신의 경험을 바탕으로 강점을 어필하여 나만이 할 수 있는 일을 구체적으로 쓰는 것이 좋다. 지원하고자 하는 업계에는 비슷한 여러 회사가 있으므로 왜 그 기업에 입사하고 싶은지 그 기업만의 특징을 공략하는 것이 필요하며, 향후 그 기업에서 어떠한 인재로 일하고 싶은지 등의 미래상까지 있으면 금상첨화이다.

그림 2-10 지원동기 작성 시 반드시 포함해야 하는 내용

지원동기 작성 시
반 드 시
포함해야 하는 내용

 하고싶은 업무
달성목표

기업에서 어떤 일을 하고 싶은가,
어떤 성과를 내고 싶은가

 기업 업무
내용

어떤 일을 하는 회사인지
상세한 내용까지 파악할 것

 지원한
계기

왜 그 회사에서 일하고 싶다고
생각하게 되었는가

 커리어
플랜

장기적으로 어떻게 경력을
키워갈 것인가(5년/10년…)

 다른 회사와의
비교

같은 업계의 다른 회사가 아닌,
그 회사여야 하는 이유

출처 : http://cafe.daum.net/breakjob/8X42/73?q

 그림 2-11 자기PR 작성 시 유의점

자기 PR 작성 시
유   의   점

자기PR의 포인트

단순한 나열은 금물!
무엇을 했는지, 주장하고 싶은 것은
간략하게 표현한다.

입장 / 견해

얼마나 열심히 했는지(지속기간, 적극성 등),
그 경험을 통해 무엇을 배웠는지 등을
구체적으로 표현한다.

표현방법

상세한 실례와 수치 등을 넣으면
좀 더 신뢰감 있는 자기 PR이 완성된다.

출처 : http://cafe.daum.net/breakjob/8X42/73?q

3) 자기PR

지원자가 기업에 기여할 수 있는 능력과 소질을 갖췄는지를 판단하기 위한 항목으로 학창시절의 경험을 어필할 필요성이 있다.(학업, 아르바이트, 동아리, 인턴, 공모전 등 본인이 열심히 한 경험이라면 무엇이든 괜찮다) 또한 자신을 가지고 대답할 수 있는 내용을 기입하는 것이 중요하다.

4) 엔트리시트 필수 기본 포인트

step1. 중요 포인트 잡기

어필하고 싶은 것이 많아지면 정말로 전하고 싶은 중요 포인트가 흐려져 기업담당자에게 제대로 전달되지 않는다. 에피소드 등을 통해 포인트를 풀어나가야 설득력 있는 글이 되지만 엔트리시트는 문자 제한이 있는 경우가 대부분이므로 포인트는 기본적으로 1~2개 정도만 잡도록 한다.

step2. 구체적인 에피소드로 풀기

어필하고자 하는 포인트를 설명할 때는 읽는 사람이 쉽게 이미지화할 수 있도록 구체적인 에피소드를 기재하는 것이 중요하다. 반드시 '언제, 어디서, 누가, 무엇을, 어떻게, 왜' 했는지 생각해보고, 실제로 경험한 것을 생생하게 전달한다.

step3. 상대의 관점에서 나의 강점 찾기

단순히 관심 있는 것, 잘하는 것을 이야기하는 건 좋지 않다. 상대(기업담당자)의 입장에서 나의 강점이 해당 업무를 할 때 어떻게 활용될 수 있는지 생각하고 작성한다.

step4. 가독성에 신경 쓰기

하나의 문장이 너무 길어지게 되면 읽는 사람의 입장에서 이해하기가 어려워진다. 말하고 싶은 포인트를 한마디로 작성한 후 거기에서 구체적인 에피소드를 포함시켜 전하고 싶은 포인트를 쉽게 알 수 있도록 한다. '~이므로', '~해서' 등 여러 연결어를 쓰게 될 경우 주어와 서술어의 관계가 복잡해져 전체 문장의 의미파악이 어려워질 수 있다. 또한 제목이나 줄 바꿈, 폰트 크기 등의 레이아웃에 신경 써서 '읽기 쉽게' 작성하는 것이 중요하다.

기업담당자가 '나'라는 사람이 해당 직무에 걸맞는 사람이라고 생각할 수 있도록 희망하는 직무와 연관된 본인의 경험과 장점을 잘 표현하는 것이 중요하다. 자신을 설명할 수 있는 포인트와 그 포인트를 설명할 수 있는 경험담, 그리고 진심을 담은 간결한 문장을 기억하라.(출처 : http://cafe.daum.net/breakjob/8X42/73?q)

⚠ 일문이력서 작성 사례

内定先企業情報

業種:食品
規模:〜50人未満
エリア:北陸・甲信越

金沢大学人間社会学域

資格・スキル

保有資格

普通自動車免許(AT限定)

取り組んだ内容・自己PRなど

学業、ゼミ、研究室などで取り組んだ内容

私は社会言語学ゼミに所属し、「お菓子にみるネーミングの法則」というテーマで、私を含めた4人のゼミのメンバーとともに共同論文を作成しました。この研究の中で一番問題となったのはネーミングの分類方法でした。どのように分類すればお菓子につけられているネーミングの特徴を見つけることができるのか、といった問題に対し私は、他のネーミングに関する研究で挙げられた特徴からオリジナルの分類方法を自分たちでつくることを提案しました。

自己PRなど

私はだと思います。誰かと話をしているとき、特に初対面の人が相手の場合にその人がつまらなそうな顔をしていると、なんだか悔しい気持ちになります。そんな時私はその人が楽しく話すことのできる話が見つかるまでどんどん話のテーマを変えます。そうしてどこかで相手の人が話しやすい話題が見つかり、楽しそうに話し始めるのを見ると、嬉しさと達成感を感じます。また、相手が話しやすい話題というものは、相手にとって得意分野であることが多いと思われます。そのような、相手が話しやすい話題を見つけることで私は今まで知らなかった知識や経験といった貴重な、楽しい話を聞くことができると考えています。御社で働く際には、様々な分野の知識を集め、その中でどのようにすれば

学生時代に最も打ち込んだこと

私が学生時代にもっとも打ち込んだことは部活動です。私は茶道部に所属しています。茶道部では、どうすれば、お客さんに喜んでもらえるのか、心地よい場の提供を行うことができるのかを考え茶道を始めたばかりのころ、私はどうすればかっこよくお茶を点てることができるのかばかりを考えていました。しかし、先輩から、茶道で大事なことは細かな所作よりもお客様が来てよかったと思えるような空間を提供することだと言われました。このことはただ単にかっこいい点前を目指すよりも難しいことでした。なぜなら、それまで自分一人に集中すればよいと思っていたものが、お茶室という空間にあるすべての人・ものに気を配らなくてはならなくなったからです。このとき私は自分の力不足を実感しました。しかし同時に難しいということはその分高める価値のあるものだと感じました。この様な気配りは茶道だけにとどまらず日常生活においても大事なことだと

先輩からのアドバイス

とにかく面接は練習あるのみです。緊張しててもすらすらしゃべれるくらい練習しましょう。自分の話したいことをしっかり決めてその軸をぶれさせなければ多少言葉につまったとしても話せなくなることはありません。頑張って下さい。

日관광업계 취업해 볼까?…취업문 열어줄 'K-Move스쿨' 출범

전경련, 日경제계와 손잡고 'K-Move' 연수 과정 제공

허창수 회장 "일본 인력수요 늘어 우리 청년에 기회"

(서울=뉴스1) 주성호 기자 | 2018-08-21 09:00 송고

허창수 전국경제인연합회 회장(오른쪽)과 김동만 한국산업인력공단 이사장이 지난 5월 서울 영등포구 전경련회관에서 청년인재 해외진출 활성화를 위한 업무협약을 체결하는 모습(전경련 제공)/뉴스1 ⓒNews1

취업난을 겪고 있는 우리나라 청년들이 '이웃나라' 일본에서 일할 수 있도록 지원하는 경제계의 연수 프로그램이 올해 처음으로 가동된다.

전국경제인연합회는 21일 서울 여의도 전경련회관에서 'K-Move스쿨' 일본취업연수 발대식을

개최했다고 밝혔다. K-Move스쿨은 한국산업인력공단이 주최하는 해외취업연수 프로그램으로, 외부 운영기관을 선정해 해외진출을 원하는 청년들에게 맞춤형 교육과정을 제공하는 것이다.

올해는 한일경제협회가 협력관계를 맺어 전경련이 교육과정과 연수를 전담해 제공하기로 했다.

허창수 전경련 회장은 "해외에서 일한다는 것은 보다 넓은 시야를 갖춘 글로벌 인재로 성장한다는 의미"라며 "연수생 여러분이 미래지향적 한일관계를 열어가는 중요한 역할을 하게 될 것"이라고 말했다.

이번 K-Move스쿨은 취업난을 겪는 한국 청년들의 고용 불안 상태와 구직자 부족에 시달린 일본의 경제계가 손을 맞잡으며 성사됐다. 전경련은 지난 3월 300여 명의 취업준비생을 상대로 '일본 취업, 이렇게 준비하자'라는 주제로 세미나를 진행하기도 했다.

일본 후생노동성에 따르면 구직자 1명당 일자리 수는 1.62개로 0.65개인 한국과 비교해 일손이 부족한 상황이다. 이같은 상황에 일본 현지취업에 대한 한국 청년들의 관심도 갈수록 높아지고 있다.

올해 K-Move스쿨은 일본 서비스기업 맞춤형 인재양성과정으로 진행된다. 호텔, 항공사, 여행사 등 관광서비스업에 특화된 인재를 양성하는 것이 목표다.

2.8대 1의 경쟁률을 뚫고 선발된 20명의 1기 연수생들은 3개월간 직무교육, 어학 등 국내연수를 진행하고 현지 기업에서 1개월의 실무훈련(OJT)을 받게 된다. 연수를 마친 이후에는 큐슈경제협의회, 오사카상공회의소 등 협력기관을 통해 전달받은 구인 수요와 매칭해 취업을 지원하는 방식이다.

허 회장은 "2020년 도쿄올림픽을 앞두고 일본 관광서비스업의 인력 수요는 더욱 늘어날 것으로 예상된다"면서 "이번 연수를 통해 특화된 인재가 양성돼 현지 취업까지 무사히 잘 연계되길 바란다."고 밝혔다.

sho218@

(3) 중문이력서 작성하기

회사 취업을 위하여 중국어로 작성한 서식으로 취업 희망자의 신상정보 및 학력과 경력사항 등을 중국어로 작성한다. 중국계 기업 등의 취업을 희망하는 사람은 회사에서 요구하는 직종과 본인의 경력 중 일치하는 사항이 있는지 확인하고 상세하게 작성하도록 한다.

또한 경력 기재 시에는 근무기간과 회사명 및 소재 도시, 직위, 직무내용 등을 정확하게 작성한다.

1) 个人简历 [gèrénjiǎnli]

个人简历 [gèrénjiǎnlì]란 우리가 흔히 말하는 이력서로, 취업을 원하는 사람이 자신의 신상정보와 학력사항, 경력사항, 자격사항, 기타 특이사항 등을 중국어로 작성해 회사에 제출하는 문서를 말한다.

출처: [해외취업-중국취업] 중문이력서 작성방법, 중국취업할 때 고민된다면?| 작성자 월드잡플러스

2) 구성항목

求职意向, 基本资料, 教育情况, 工作经历, 技能水平 [个人能力], 自我评价 [个人评价], 获奖情况 등으로 구성된다.

우선 求职意向[qiúzhíyìxiàng]는 '구직의향'이라는 뜻으로 본인이 지원하고자 하는 직업, 직무를 적는다. 간혹 就业方向[jiùyèfāngxiàng]이라는 표현을 쓰기도 하는데, 같은 의미이다.

基本资料 基本资料[jīběnzīliào]는 '구직자 기본 신상정보'를 뜻하며, 칸에 나와 있는 대로 姓名(성명), 性别(성별), 国籍(국적), 年龄 (연령), 毕业院校(출신 학교), 专业(전공), 电

子邮箱(이메일) 联系电话(연락 전화번호) 联系地址/现居住地(연락 주소/ 현거주지) 등을 기입한다.

教育情况/工作经历는 각각 教育情况[jiàoyùqíngkuàng] '교육 상황'과 工作经历[gōngzuòjīnglì] '취직 경험'으로 교육 상황에는 기간과 다녔던 학교, 전공 등을 기입하고 취직 경험에는 기간과 근무했던 회사, 맡았던 업무나 주요 직책 등을 간결하게 기입한다.

技能水平[jìnéngshuǐpíng] 또는 个人能力[gèrénnénglì]라고 불리는 부분으로, 지원하는 업무와 관련해서 자신이 가지고 있는 능력을 간단명료하게 기술해 준다.

自我评价[zìwǒpíngjià] 또는 个人评价[gèrénpíngjià]라고 불리며, 지원자 본인이 자기 자신에 대해 평가를 하는 항목이다.

获奖情况[huòjiǎngqíngkuàng] '수상 실적'으로, 해당하시는 분들에 한하여 입사에 도움이 될 만한 수상 경험을 기입한다.

출처: http://blog.naver.com/PostView.nhn?blogId=hrdkorea2020&logNo=221379940875

중문이력서 양식 샘플 1

个 人 简 历

姓名	韩文		爱好/特长	
	中文		E - mail	
	英文		身份证号码	
电话号码		(韩)	手机号码	(韩)
现地址				

学历	年 月 ～ 年 月		最终学历成绩 (大学)		/ 4.5
	年 月 ～ 年 月		毕业	所在地	
	年 月 ～ 年 月		毕业	所在地	

工作经历	工作期间	公司名	职位	签约形式	担任职务
	年 月 ～ 年 月			/	

证件	合格证书	等级	取得日期	发证机关	外语	种类	分数	取得日期

OA操作能力	Access		Power Point		身体条件	身高	体重	血型	视力
	Excel		Photoshop						左 ( ) 右 ( )
	Word		Internet			特殊事项			

家庭成员	关系	姓名	年龄	学历	职业	是否同居

以上是根据本人实际情况而亲自写的简历。

支员日期：200 ． ． 支员者(姓名)：

个人简历

求职意向	
基本资料	

姓名		性别		
年龄		国籍		照片
毕业院校 （学历）		所学专业		
电子邮箱		联系电话		

现居住地 ／ 联系地址	

教育情况

起止日期	学校	专业

工作经历

起止日期	工作单位	职务及主要工作职责

技能水平 ／ 个人能力

自我评价 ／ 个人评价

获奖情况

출처: http://blog.naver.com/PostView.nhn?blogId=hrdkorea2020&logNo=221379940875

관광서비스업 **취업뽀개기**

관광
서비스업
취업뽀개기

CHAPTER 03
자기소개서

01 자기소개서의 개념

(1) 자기소개서란 무엇인가?

자기소개서는 특별한 목적을 가지고 자신을 소개하는 글이다.

이력서, 성적증명서, 경력증명서, 자격증명서 등과 함께 취업을 목적으로 제출하는 서류 중 하나이다. 따라서 자기소개서는 이력서나 경력증명서에서 보여주지 못한 자신의 특성을 상세하게 보여주는 역할을 한다.

이력서가 개인을 전반적으로 이해할 수 있는 것이라면, 자기소개서는 다른 사람에게 '나'의 능력을 객관적으로 보여주는 글이다. 인사담당자는 자기소개서를 통해 지원자의 성장과정, 성격의 장·단점, 대인관계, 창의성 등을 파악하게 된다.

즉, 자기소개서는 지원자의 능력을 구체적이고 실질적으로 파악하는 필수 문서이므로 취업 준비생들이 가장 신경을 써야 할 부분이다. 입사를 준비하는 취업 준비생뿐 아니라 경력사원 역시 자기소개서를 통해 자신의 경력을 평가받기 때문에 이 문서의 중요성은 아무리 강조해도 지나침이 없다.

(2) 자기소개서의 중요성

입사를 위해 제출한 이력서와 자기소개서를 보면 낙타가 바늘구멍에 들어가는 것만큼 입사지원서 작성하는 것이 어려운 일임을 실감하게 된다. 경력직 지원자뿐 아니라 신입 지원자까지 자신을 어필하는 방법이 상상을 초월할 정도이다. 이는 소수, 수시 채용이 정착된 현 취업시장에서 자신을 좀 더 돋보이게 하지 않으면 그만큼 경쟁력을 상실하게 된다는 얘기이다.

따라서 취업 준비생들은 자기소개서가 합격 여부의 결정적인 요건이 될 수 있는 중요한 서류라는 사실을 알고 작성해야 한다. 기본을 지키되 '개성을 살린 자기소개서'만이 산더미처럼 쌓여있는 서류 중에서 살아남을 수 있다. 학교성적도 우수하고 필기시험도 만족하게 치렀는데도 불구하고 합격하지 못한 지원자들은 자기소개서를 소홀히 하지 않았나 생각해볼 필요가 있다.

이렇듯이 자기소개서는, 서류전형을 통해 직원을 채용하는 기업에 있어서는 합격여부의 결정과정에서 상당히 중요한 역할을 하게 된다. 또한 경력자의 자기소개서 비중과 중요도 역시 꾸준히 늘어나고 있는 추세이다. 경력 사원의 경우에는 별도의 필기시험을 치르지 않는 경우가 많다. 따라서 학교성적 자료보다 경력사항을 더 요구하게 되고 그만큼 자기소개서의 비중은 다른 어떤 자료보다도 더 중요하게 된다.

(출처: 국토일보)

(3) 자기소개서를 요구하는 이유

인간은 사회적 동물로 그가 속한 환경의 지배를 받고 산다. 따라서 어떠한 환경이나 여건 속에서 어떻게 성장해 왔는가 하는 것은 그 사람의 성격형성에 상당한 영향을 미치게 된다. 그러므로 기업은 자기소개서에 나타난 가정환경과 성장과정을 통해 각 개인의 성격 또는 가치관을 파악하고, 학교생활이나 동아리활동 등을 통해 그 사람의 대인관계나 조직에 대한 적응과 성실성, 책임감, 창의성 등을 살펴보고자 한다.

그 다음으로 기업이 자기소개서를 통해 보고자 하는 것은 그 사람의 장래성이다. 이는 어떠한 동기로 입사를 지원하게 됐고, 또 입사 후에는 어떠한 자세로 일에 임할 것이며, 따라서 그 사람의 장래성은 어떠할 것인가 하는 것을 파악하고자 하는 것이다.

이외에도 문장력과 필체를 보기 위해서 자기소개서를 요구하는 기업들도 많이 있다고 한다. 이는 조직생활에서는 공식적인 의사전달 과정이 주로 글을 통해 이루어지고 있기 때문인데, 자기 자신의 생각이나 사상을 글로 표현하는 능력은 상당히 중요하다.

자기소개서를 통해 각 개인의 문장력은 물론, 나아가서는 사고의 폭까지도 짐작할 수 있을 뿐만 아니라, 필체를 통해서도 어느 정도는 개인의 성격까지 파악할 수 있다는 것이다. 이렇듯 자기소개서는 그 중요성으로 인해 직원채용 시 꼭 첨부하도록 하고 있는 것이다.

02 자기소개서 작성방법

(1) 자기소개서의 구성

자기소개서는 단순히 자신을 나타내는 것이 아니라 자신의 미래와 비전을 제시하는 것이 핵심이다. '나는 어떤 사람인가'에 초점을 맞추기보다 '나는 어떤 능력을 가진 사람인가'에 대해 자세히 기술해야 하며, 입사를 위한 지금까지의 노력과 구체적인 달성 목표, 목표를 위한 향후 계획 등을 밝혀 인사담당자의 호감을 사야 한다.

즉, 자기소개서는 자신의 적성이나 특징, 성향, 조직과의 융화력, 대인관계 등에 대해 작성하는 것으로 기업은 자기소개서를 보면서 지원자의 내면을 들여다본다고 생각하며 글을 통해 지원자의 교감을 느끼기도 한다.

그림 3-1   자기소개서 항목

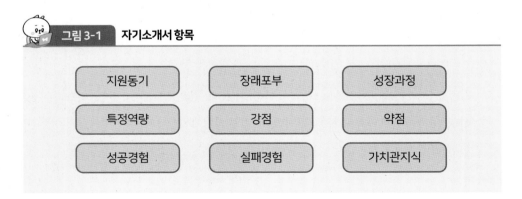

자기소개서 항목은 성장과정, 성격의 장단점, 학창시절 및 특이사항, 지원동기 및 포부 등으로 구성한다.(http://job.seoul.go.kr/www/emp_info_room/emp_guide_list/selfRegister_lst.jsp)

자기소개서에 일정한 형식이 있는 것은 아니지만, 지면으로 자기를 소개하는 것이므로 자신의 자질을 알리는 데 효과적인 내용을 개성 있는 필체로 작성하여, 보는 이로 하여금 개성 있는 인상과 인간적인 공감을 줄 수 있도록 하는 것이 중요하다.

자기소개서를 쓸 때 잊지 말아야 할 세 가지는 **첫째, 일 하고 싶다. 둘째, 실력을 갖고 있다. 셋째, 증거도 있다.** 이 세 가지를 생각하며 글을 써야 한다.

(2) 자기소개서 작성요령

1) 개인의 성장 과정을 언급하라.

너무 어렸을 적 이야기보다는 고등학교 시절부터의 성장과정을 기술해 나가는 것을 권한다. 고교시절 그리고 대학시절(남자의 경우라면 군대생활까지)을 통해 있었던 독특한 체험이나 에피소드를 개성 있게 작성한다.

이때 가급적 일반적이거나 평범한 이야기보다는 자신의 뚜렷한 개성이나 장점 또는 강한 의지를 내보일 수 있는 내용들을 언급하는 것이 좋다. 이를테면, 남들이 관심을 기울이지 않던 새로운 학문분야에 대한 흥미나 관심 그리고 그것을 선택한 결단이라든가, 가정형편이 어려워 부모나 형제들을 돌보면서 어렵게 공부해 온 경험이라든가, 여하튼 설득력 있는 이야기로 읽는 사람의 공감을 불러일으킬 수 있는 내용들이면 좋다.

그러나 본인이 지원하는 직무를 선택하게 된 때가 고등학교보다 이전일 경우도 있을 수 있는데 그렇다면 그때의 이야기를 작성한다.

2) 자신의 장점을 최대한 내보여라.

자신의 성격을 장단점으로 구분해서 분명하게 얘기하기는 쉽지 않다. 그러기 위해서는 무엇보다 자기 자신을 잘 알고 있어야 하기 때문이다. 가능하다면 자신의 단점까지도 이야기할 수 있고, 또 그것의 개선을 위한 노력의 의지도 보여줄 수 있어야 한다.

자신의 좋은 점이나 특기사항은 자신 있게 밝혀주고, 아울러 단점에 대한 언급과 함께 그것을 고쳐나가기 위한 노력 등도 이야기하는 것이 좋다. 이러한 태도는 자신의 개성과 함께 강렬한 인상을 심어줄 수 있다.

자신의 장점이나 특기를 언급할 때는 외국어능력이나 리더십 또는 업무수행상 도움이 될 수 있는 능력 등을 자신의 체험과 함께 언급하는 것이 좋다. 이것은 면접시에도 질문 빈도수가 높으므로, 평소에 나름대로 이에 대한 분석을 철저히 해 두는 것이 좋다.

3) 입사 지원동기를 구체적으로 밝혀라.

입사 지원동기를 씀에 있어서 일반론을 펴는 것보다는 해당 기업과 직접 연관이 있는 내용을 언급하는 것이 좋다. 즉, 해당 기업의 업종이나 특성 등과 자기의 전공 또는 희망 등을 연관시켜 입사 지원동기를 언급하도록 한다. 이를 위해서는 평소에 신문이나 해당기업에 대해 어느 정도 연구를 해 두는 것이 바람직하다.

흔히 동기가 확실치 않으면 성취의욕도 적어 결국 좋은 결과를 기대할 수 없다고 한다. 때문에 뚜렷한 지원동기를 밝혀, 입사 후에도 매사에 의욕적으로 일에 임하게 될 것이라는 인상을 심어줄 필요가 있다.

4) 장래의 희망 또는 포부를 언급하라.

자신의 장래희망을 막연하게 '열심히' 또는 '꾸준히' 등의 표현보다는 가급적이면 지원한 회사에 입사를 했다는 가정하에서 기술하면 보다 더 회사와의 유대감이 형성될 것이다. 이럴 경우 장래희망은 대학의 전공과 입사 지원동기 등과 함께 일관성을 유지하여야 하며, 입사 후의 목표와 자기 개발을 위해 어떠한 계획이나 각오로 일에 임할 것인지를 구체적으로 적는 것이 좋다.

한편, 자기소개서를 작성함에 있어 과다한 수사법을 쓴다든가, 지나치게 추상적인 표현을 일삼는다든가, 부정적인 인생관이나 사회관을 이야기한다든가, 또는 타인을 비방한다든가 하는 내용들은 피해야 한다.

5) 가급적 한자(漢子)를 섞어 쓴다.

아직까지 우리 사회에서는 모든 공사문서에 적당한 한자를 섞어 쓰는 것을 좋아한다. 별로 바람직하지 못한 현상이지만 현실이 그러하기 때문에 일단은 따르는 게 무난하다. 이때에도 오자나 탈자가 없도록 각별히 유의할 것이며 자신이 없는 경우에는 사전 등을 통해 꼭 확인해야 한다.

6) 구체적인 기술이 필요하다.

평상적인 어투로 시작하지 말아야 하며 자신만이 느끼는 감정이 들어 있어야 한다. 가령 "음악에 소질이 있어 부모님의 만류에도 계속 음악을 해서 ……"라든가, "공부를 계속하고 싶었는데 집안형편이 어려워 집안을 돕기 위해 직업전선에 ……" 등 성장과정에서 느꼈던, 즉 상대방에게 공감을 줄 수 있는 자신만의 의견, 감정이 구체적으로 제시되어야 한다.

7) 시간적인 여유를 두고 쓴다.

입사지원 서류제출 마감시간에 임박해서야 허겁지겁 자기소개서를 작성하는 사람들이 많다. 심지어는 접수창구에서 즉각적으로 쓰는 사람들도 있다. 결코 바람직한 현상이 못되므로 시간적인 여유를 충분히 가지고 침착하게 작성해야 문장력이나 글씨 면에서도 좋은 인상을 주게 된다. 때문에 시간이 나는 대로 필요한 만큼의 충분한 양을 여유 있게 작성해 두었다가 필요할 때마다 즉각적으로 사용할 수 있는 준비태세를 갖춰 두는 것이 바람직하다. 자기소개서는 곧 자신의 얼굴이다. 자기 자신을 최대한으로 내보일 수 있는 그러한 자기소개서라야 어디서든 설득력을 줄 수 있을 것이다.

8) 개성 있는 문체와 깨끗한 필체로 작성하라.

대부분의 수험생들이 범하기 쉬운 오류 중의 하나가 자기소개서를 판에 박힌 문장으로 대충 서술하면 된다고 생각하는 것이다. 그러나 조직생활에서 기본적으로 필요한 문장력과 깨끗한 필체를 지니고 있는지를 판단하게 되므로 정돈된 글과 글씨는 세심한 주의가 요구된다. 따라서 평소에 연습과 훈련을 해 두는 것이 좋다.(자료 출처: 서강대학교)

알아보기 **5초 만에 버려지는 자기소개서**

• 자신의 인생사만 적은 경우

• 지원 업종 또는 지원 직무와 관련된 내용이 전혀 없는 지원서

• 구체적인 근거나 사례 없이 막무가내 식으로 지원하는 업종 및 직무에 자신이 최고 적임자고 열정이 남다르다고 우기는 경우

03 자기소개서 항목별 작성 키(Key) 포인트(Point)

■ **성장과정**(9줄 분량)

① 학교와 학과를 선택한 이유(3줄)

② 전공을 살려 취업할 수 있는 수백 가지 업종 중 지원회사의 업종을 선택한 이유(3줄)

③ 이력서 첫 번째 항목에서 밝힌 희망지원직무를 선택한 이유(3줄)

■ **학창생활과 활동사항**(8줄 분량)

① 지원하는 회사의 주력 업종 또는 희망지원 직무 및 업무 수행을 위해서 대학 시절에 무엇을 했는가? 했다면 그것으로부터 무엇을 느끼고 깨달았는가?(5줄)

② 그 밖의 활동(3줄)

■ **성격의 장·단점**(5줄 분량)

① 희망지원직무를 수행하는 데 필요한 성격과 관련된 장점과 단점(3줄)

② 위에서 적은 단점 보완을 위해서 무엇을 했는가, 어떻게 하고 있는가?(3줄)

■ **지원동기와 입사 5년 또는 10년 뒤의 포부**(9줄 분량)

① 같은 업종의 여타 회사 중 우리 회사에서 5년 이상 근무를 원하는 동기(4줄)

② 5, 10년 뒤의 구체적인 목표 및 이루기 위한 3년, 7년 뒤의 플랜은?(5줄)

표 3-1 **자기소개서 작성 흐름**

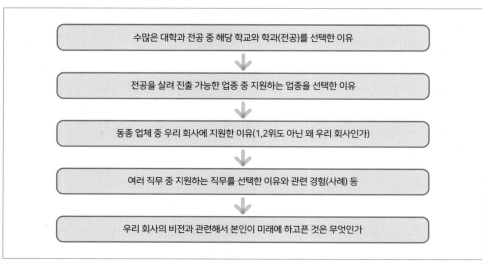

(1) 성장과정

- 전공을 선택한 이유(2줄)

- 전공을 살려 취업할 수 있는 수많은 업종 중 지원기업의 업종을 선택한 이유(3줄 정도)

- 지원기업 내 여러 직무들 중 희망직무를 선택한 이유(3줄)

자기소개서를 작성할 때 가장 먼저 나오는 질문항목이 '성장과정'이다. 자기소개서를 처음 작성하는 사람들이 가장 많이 하는 실수는 성장과정에다가 정말 자신의 성장사 일대기를 적는다는 것이다.

자기소개서의 성장과정은 자신이 성장하는 과정 동안 지원하는 희망분야를 선택하게 된 과정을 작성해야 한다. 즉, 수많은 학교 중에 왜 지금의 대학교를 선택하게 되었고, 학과를 선택하게 되었는지, 학과에 들어와서 수업을 받던 중 어떤 활동이? 어떤 경험이? 어떤 것이 희망하는 업종을 선택하게 했는지, 그리고 그 업종을 선택하게 된 계기가 무엇인지를 작성하는 것이 성장과정 또는 성장배경이다.

이밖에도 인재상과 연관지어서, 직무나 산업에 대한 관심과 준비사항, 성장과정에서 형성된 가치관을 염두에 두고 작성하는 것도 좋다.

그림 3-2   성장과정 작성 절차

먼저 항목별로 할당된 양보다 3~5배수 많은 분량으로 적은 후 2~3차례에 걸쳐 요약을 해야 한다.

성장과정(8줄 분량)

지원회사의 업종을 선택한 이유(5줄)

희망지원직무를 선택한 이유(3줄)

15~25줄 분량

9~15줄 분량

24~40줄 분량을 2~3차례 다듬어서 16줄 분량

8~10줄 분량

사례 1 - 여행사 OP업무 지원자

일신우일신-날이 갈수록 새롭게 발전한다

　새로운 것에 도전하겠다는 마음가짐으로 16살 때 혼자 베트남 호치민에 있는 친척 집에서 30일 간 지낸 적이 있습니다. 호치민 외에도 다낭, 붕따우, 나트랑, 하노이를 여행하며 그 지역의 관광지와 음식, 생활환경을 경험함으로써 세상을 보는 시야를 넓힐 수 있었습니다. 또한 알고 지내던 모든 것들이 결코 전부가 아님을 깨달았고 가치관이 성숙해질 수 있었습니다. 이후로 여행업에 흥미를 느끼게 되어 여행사를 목표로 관광영어과에 진학하게 되었습니다.

　베트남 호치민에서 지낼 때 언어의 문제로 대화가 통하지 않아 많은 어려움이 있었지만, 모르는 것이 있으면 주변 사람에게 묻는 등 적극적으로 문제를 스스로 해결해 나가며 빠른 상황 대처 능력을 키우게 되었습니다. 낯선 나라에서 부모님과 떨어져 지내다 보니 저도 모르게 낯선 환경에 빠르게 적응해 가는 저를 발견할 수 있었습니다. 관광영어전공에서 배운 것과 베트남 등에서의 경험을 바탕으로 여행객이 어려움을 겪을 때 빠른 대처로 도움을 주고, 고객을 이끌어가는 여행사 OP가 되고 싶습니다.

 사례 2 - 여행사 마케팅업무 지원자

템플스테이(templestay : 사찰체험 프로그램)가 맺어준 관광과의 인연

　20살. 나 자신을 찾아 떠난 사찰여행으로부터 저와 관광의 인연은 시작되었습니다. 그곳은 외국인들도 사찰체험(템플스테이)을 위해 찾는 강원도 오대산 월정사였습니다. 대학에 떨어져 힘든 시기. TV 다큐멘터리로 방영된 『템플스테이』를 보고 저는 무작정 홀로 오대산을 찾았습니다.

　월정사 사찰체험 프로그램에 참여하여 아름다운 자연 속에서 차담(茶啖)을 통해 사찰의 차 문화도 접하고, 발우공양(鉢盂供養)을 통해 음식을 대하는 자세도 배우고, 특히 삼천배(三千拜) 수행은 몇몇의 낙오자를 만들기도 했지만 저는 이를 악물고 끝까지 함으로써 고생 뒤에 오는 작은 성취감도 맛볼 수 있었습니다.

　무엇보다도 매시간 다른 모습을 선사하는 대자연의 신비로운 아름다움은 입시에 매달려 힘겨운 날들을 보냈던 저를 위로하는 듯 했습니다. 처음 접해보는 사찰체험 프로그램은 그동안 마음의 여유 없이 살았던 제 자신을 돌아볼 수 있는 소중한 시간이었습니다.

사찰체험을 통해 관광분야에 관심을 가지게 되어 관광학과에 진학하게 되었고, 우리나라의 매력을 전 세계 여행객들에게 알려주고자 여행사 마케팅업무에 지원하게 되었습니다.

 사례 3 - 항공사 객실승무원 지원자

승무원의 꿈! 아일랜드에서 시작하다

아일랜드 유학을 통해 승무원의 꿈을 키울 수 있었습니다.

고등학생 때 학업과 아르바이트를 병행했습니다. 처음하게 된 아르바이트는 **호텔 아르바이트였습니다. 약 2년간 학교생활과 함께 아르바이트를 하면서 자연스럽게 서비스직에 관심을 갖게 되었습니다.

고객을 응대하면서 더 많은 사람들과 또 다양한 국적의 사람들과 함께 일을 하고 싶다는 생각을 갖게 되었습니다. 그러려면 우선 외국어가 가능해야 했기에 대학교를 알아보던 중 관광과 영어를 동시에 배울 수 있는 관광영어과에 진학하게 되었습니다. 대학교 수업을 통해 관광과 관련한 기본적인 이론과 실무지식 및 영어 능력을 키울 수 있었습니다.

학교를 다니면서도 저는 꾸준히 호텔 아르바이트를 병행하면서 서비스 업무에 대한 실전 감각을 더욱 발전시킬 수 있었습니다. 하지만 집안사정으로 인해 1학년을 마치고 휴학을 하게 되었고 2년이라는 긴 휴학기간 동안 아르바이트한 돈으로 아일랜드로 어학연수를 가게 되었습니다.

패기와 자신감을 가지고 갔지만 저는 곧바로 언어의 장벽에 부딪쳐 너무 힘들었습니다. 하지만 저는 조급해 하거나 의기소침해 하기보다는 적극적으로 부딪치겠다는 각오로 하루도 수업에 빠지지 않고 수업에 임하고, 다양한 나라에서 온 다양한 국적의 외국인들과 어울린 결과 'pre-intermidiate' 수준으로 시작했던 제가 'upper-intermidiate' 레벨까지 올라갈 수 있었습니다.

학교수업 외에도 학교 근처 카페에서 일을 하면서 다양한 국적의 사람들과 만나는 게 좋았고, 서비스직이 제게는 잘 맞는 것을 다시 한 번 확인하게 되었습니다. 이러한 저의 경험이 항공기 객실승무원으로서 도움이 될 것이라고 생각합니다.

사례 4 - 항공예약발권업무 지원자

합리적인 가격에 최적의 항공운임을 찾아라!

꿈꿔왔던 여행전문가의 꿈을 발권부서에서 펼치고 싶습니다.

고등학교 2학년 때, 친구들과 제주도 여행을 준비하며 제주도의 다양한 여행상품들을 살펴보고 정보를 활용하여 여행계획서를 작성하면서 여행에 대한 열정을 품게 되었습니다.

관련 지식을 쌓기 위해 관광영어과에 진학하여 관광에 관한 전공과목들을 두루 접할 수 있었습니다. 그 중 '항공예약발권' 수업을 통해 항공예약시스템을 다루는 것에 흥미를 느꼈고, 특히 항공운임을 산출하는 수업시간은 흥미를 넘어 제게 항공예약발권 업무를 직업으로 삼아야겠다고 정할 수 있도록 해 주었습니다.

여행사 항공예약발권부서 지원을 위해 필요하다고 생각해 학교에서 진행하는 토파스(Topas) 예약자격증 과정과 월드스팬(Worldspan) 예약자격증 특강을 통해 두 개의 자격증을 취득하였습니다. 이 후 **여행사에서 한 달간 현장실습을 하며 여행업무 전반에 대해 배울 수 있었습니다.

여행준비의 가장 중요한 업무인 항공권 예약·발권은 단순히 항공권을 발급하는 것을 넘어서, 여행의 특성별 가장 편하고 합리적인 운임을 산출하여 최적의 여행을 계획하는 중요한 단계임을 알게 되었습니다.

사례 5 - 면세점 판매업무 지원자

"你试试吧。"

어릴 때부터 의류와 가방 판매 분야에 종사하셨던 부모님을 도와드리며 자연스럽게 물건을 팔고, 고객을 응대하는 것에 흥미를 느꼈습니다. 부모님이 일하셨던 곳에는 한국인뿐만 아니라 외국인 고객, 그중에서도 중국 관광객들이 많이 왔습니다.

제가 가게에 있는 동안 중국인 고객들이 방문하면 부모님 어깨너머로 배운 짧은 중국어로 옷이나 가방을 팔면서 저는 뿌듯함을 경험했습니다. 이러한 경험으로 인해 서비스업과 판매업에 대한 관심이 커졌습니다.

대학 전공을 선택할 때 외국어와 판매업무 두 마리 토끼를 잡을 수 있는 학과가 관광중국어과라고 생각되어 집에서 멀지 않고, '샵마스터'를 양성한다는 **대학교 관광중국어과에 입학하게 되었습니다.

학교 수업 중 샵마스터로서 갖추어야 할 이론과 실무 및 중국어 수업을 통해 면세점 판매 업무에 대한 자신감과 함께 열망이 더욱 커졌습니다. 좋은 상품을 고객에게 훌륭한 서비스로 판매하여 최고의 만족감을 드리고 싶습니다

 사례 6 - 호텔 프론트업무 지원자

국내·외 현직에서 일하고 있는 전문 호텔리어를 만나 호텔리어를 꿈꾸다

국내호텔에 30년째 근무하고 있는 호텔 전문가로부터 호텔이라는 업종에 대한 이해를 넓히고 호텔리어의 자세를 배우고, 사이판 현지 호텔에서 인턴으로 일하는 있는 예비 호텔인으로부터 호텔이라는 업종의 매력을 확인하였습니다.

저희 관광영어학과는 학교 수업 중 다양한 분야의 전문인들을 모셔서 강연을 들을 기회가 자주 있습니다. 그때마다 그 분야의 전문가들이 관광업의 현황과 비전 등에 대해 말씀하시는 강연을 들으며 직업에 대한 이해도도 높이고 꿈을 키울 수 있었습니다.

가장 기억에 남는 강연은 **호텔 부사장님의 강연이었습니다. 저는 부사장님을 통해 호텔이라는 업종과 프론트데스크 업무의 중요성에 대해서 알게 되었고 꿈을 키우게 되었습니다. 호텔에서 고객이 비싼 비용을 지불하고 객실이나 서비스를 이용하시는 만큼 그에 상응하는 서비스를 제공하면서 느끼는 호텔리어로서의 자긍심이 너무도 멋있고 꼭 제가 그만큼의 서비스를 제공해보고 싶었습니다.

또한 지난 2014년 11월, 학교에서 해외답사로 사이판을 가게 되었습니다. 특히 사이판 현지 호텔에서 근무하고 있는 호텔리어로부터 사이판 호텔현황 및 호텔리어에 대한 본인의 솔직한 이야기들을 들을 수 있어 너무나도 인상 깊었습니다.

저희가 당시 방문한 호텔은 '사이판 아쿠아리조트'로 사이판 원주민들의 건축양식에 따라 방갈로 형태로 지어진 독특한 외형의 고급 리조트로 객실은 물론 전반적인 부대시설이 매우 고급스럽고 친환경적이었습니다.

아직 학생으로 해외인턴으로 근무하고 있는 한국인 호텔리어와 함께 호텔시설을 둘러보고, 호텔리어의 업무 등에 대해 자세히 설명을 듣는 동안 저는 사이판 아쿠아리조트는 물론, 호텔리어라는 직업에 대해 좋은 인상을 받았습니다. 그리고 저도 그 분처럼 멋진 호텔리어가 되겠다고 마음속으로 다짐을 하게 되었습니다.

사례 7 - 기구개발 직무

기구개발 엔지니어에 대한 관심과 열정

RC카와 헬기조립이 취미인 아버지의 영향으로 어릴 때부터 기계에 대한 관심과 적성을 발견할 수 있었습니다. 우리 집 거실의 반이 작업 장소로 쓰일 정도로 아버지의 열성적인 모습이 아직도 기억에 남아있습니다.

저의 관심도 자연스럽게 기계분야로 확대되었습니다. 대학 전공도 기계과로 선택하는 데 있어서 조금도 주저함이 없었으며, 이러한 관심은 즐거움과 열정의 대상이 되기에 충분했습니다. 전공 중에서 유체역학, 열역학, 고체역학 등을 수강하고, 배운 이론을 설계에 적용해봤던 경험들을 통해, 기구개발 직무에 흥미와 적성을 확신할 수 있었습니다.

(중략)

출처 : 커리어일공일(www.career101.co.kr)

(2) 학창시절과 활동사항 작성

- 지원하는 직무와 관련해서 대학시절에 한 다양한 활동, 즉 아르바이트, 블로그 운영, 동아리 활동 등의 내역(5줄)
- 그 밖의 활동(3줄)

천편일률적인 교육정책에 따라 학교생활을 했으니 독특한 경험이 나오기는 힘들다. 회사에서 요구하는 자기소개서의 학교생활, 학창시절은 지원자의 성적이나 학점을 묻는 게 아니다.

학교생활/학창시절에 궁극적으로 묻는 것은 바로 회사 구성원으로서 어떻게 조직에 잘 융화되고 관련 직무능력을 발휘할 수 있을지 학교생활 및 학창시절 에피소드를 통해 가늠하기 위한 것이다.

학창시절 중 경험한 아르바이트, 인턴, 동아리 활동, 블로그 운영 등에서 지원하려는 기업과 직무와 연관성을 지을 수 있는 활동이 무엇인가를 먼저 고민해 보아야 한다. 예를 들어 호텔 식음료부서에 지원하려고 하는데 실습으로 호텔 식음료부서에서 일했다면 직무와 매우 연관성이 높다고 할 수 있다. 실습을 통해 무엇을 배웠고, 지원하는 직무와 어떤 연관성이 있는지 등을 생각하며 작성하면 좋다.

그리고 아르바이트 경험이 없다면 동아리나 서클 활동을 활용할 수 있다. 예를 들어 학교 동아리 활동에서 본인이 맡았던 직무나 수행했던 일들을 에피소드로 구성해서 작성하면 좋다. 이도 저도 없다면? 난 별로 한 것이 없어서 쓸 것이 없다고 고민하는 경우 크게 시간적으로 구분하자면 초, 중학교 시절과 고등학교, 대학 이후 시절로 구분할 수 있을 것이다. 여기서 꼭 시간의 흐름대로 몽땅 다 써야 하는 것은 아니다. 초·중학교 시절에 특이하게 강조할 것이 없으면 과감하게 생략해도 된다.

다시 말하자면 최종학력 중심으로 써 나가는 것이 가장 평범하고 무리가 없는 방법이지만 본인이 꼭 강조하고픈 내용이 있으면 초등학교 시절이 아닌 유치원 시절을 쓰는 것도 무방하다.

어떤 것을 써야 하나? 크게 공부, 인간관계, 기본 소양, 자질, 서클활동 등을 기술하면 된다. 공부는 어떤 면에서 내 자신이 택한 것이고 지원회사에 따라 어떤 과목에 관심이 많아서 이렇게 공부를 했다는 식으로 기술하면 되며, 서클활동은 무엇을 하는 서클에서 자신이 어떤 역할을 했으며 어떤 것들을 배웠다는 것을 기술하면 된다.

그리고 학창시절의 각종 에피소드를 중심으로 그 사건을 겪으면서 무엇을 배웠으며 어떻게 발전시켜 나갈 것이라고 기술하면 된다. 이런 사항도 없었다면 학창생활을 통하여 자신이 느낀 점이나 배운 점 등을 조금 추상적으로 기술해 보는 것도 좋다. 예를 들어 고등학교 시절까지 바라보던 세상이 아니라 보다 큰 세상을 보았다든지 아니면 많은 사람들과의 만남을 통하여 내 자신이 많이 성장했다든지 그렇게 쓰면 된다. 도저히 쓸 내용이 없다면 조금의 소설을 쓰는 것도 무방하다. 물론 소설을 자기 것으로 완전히 만들어야 하는 것은 기본이다.

 사례 1 - 호텔 객실부 프론트데스크업무 지원자

영어 스피치 콘테스트가 준 자신감

대학교 재학 중 방과 후 프로그램인 원어민 영어회화, 토익스피킹, 해외취업영어수업 등 다양한 외국어 강의를 신청해 꾸준히 들었습니다. 덕분에 피곤하기도 하였지만 어학 실력과 더불어 스스로의 가치를 높일 수 있다는 생각에 더욱 열심히 수업을 들었습니다.

그 결과 오랫동안의 공부로 영어에 자부심이 있던 저는 마침 학과 행사인 영어 스피치 콘테스트를 참가하게 되었습니다. 대본 작성, 프레젠테이션 제작, 발표 준비 등 모든 것을 홀로 준비하다 보니 막막했지만 한 달 동안 매일매일 실전처럼 연습하는 시간을 가졌습니다.

대회 당일 날 너무 떨리고 실수할까봐 무서웠지만 그동안 열심히 연습해왔던 만큼 당당하고 자신감 넘치는 발표를 했습니다. 200명이 넘는 청중 앞에서 성공적으로 발표를 마칠 수 있었고 1등이

라는 결과를 얻을 수 있었습니다.

이번 일을 계기로 스스로 일을 계획하고 진행하는 노하우, 시간관리, 많은 사람들 앞에서도 떨지 않고 당당하게 말하는 방법을 터득하게 되었습니다.

**호텔에 입사해 외국인 고객들과의 대화, 한정된 시간 속 주어진 업무를 끝내는 완벽한 시간관리 제가 하겠습니다.

사례 2 - 여행사 인솔업무 지원자

안산다문화거리에서 다양한 문화와 외국어 소통의 길을 찾다

다문화거리 문화체험을 통해 원어민 선생님과의 의사소통에 도움이 된 적이 있습니다. 고등학교 3학년 때 동아리로 '국제문화교류반'에서 조장으로 활동하였습니다. 처음엔 원어민 선생님의 설명만으로는 이해가 어려웠고 의사소통도 쉽지 않아서 문제가 생겼었습니다.

조원들과 함께 의논하는 자리에서 안산다문화거리에 가서 간접적으로 체험을 해보자는 저의 제안에 도움이 될 것 같다고 의견이 모여지고 함께 그곳에 가서 다양한 나라의 음식도 먹어보고, 외국인들과도 만나 서툴지만 얘기를 할 수 있었습니다. 그 후로도 수차례 안산다문화거리를 방문하였고, 서로 자기가 본 것과 경험한 것들을 공유하며 다문화에 대해 이해하기 시작했습니다.

학교에 필리핀 원어민 선생님께서 오셨을 때는 다문화거리에서 본 필리핀 문화에 대해 느낀 점을 이야기해 드렸더니 노력하는 모습이 좋다고 저희 동아리에게 필리핀 간식을 선물로 주셨습니다. 이를 통해 동아리회원들과의 원활한 소통은 물론 외국인들과의 소통에도 도움을 받을 수 있었습니다.

사례 3 - 호텔 객실부 프론트데스크업무 지원자

네 가게라고 생각하렴!

"앞으로 네 가게라고 생각하렴!" 아르바이트 첫날 사장님께서 하신 말입니다. 처음 이 말을 들었을 때에는 '아니 내 가게도 아닌데 어떻게 내 가게라고 생각하지? 이게 대체 무슨 말이지?' 라고 의아해하며 작은 사무실이 같이 있는 프랜차이즈 실내놀이터에서 일을 하게 되었습니다.

바쁘신 사장님을 대신해 아르바이트생에 불과했지만 고객응대, 카운터 업무뿐만 아니라 매장 물품 주문부터 전체적인 매장관리를 하게 되면서 점차 사장님의 말뜻을 이해할 수 있게 되었습니다. 이렇게 2년 가까이 '내 가게'라는 생각과 책임감을 갖고 일을 하면서 많은 것을 배울 수 있었습니다.

매장에 오시는 학부모님들께 관심과 친절부터, 아이만 맡겨두고 가시는 학부모님들을 대신해서는 아이를 돌봐주기도 하고 혼자 심심해하는 아이와 함께 놀아주기도 하며 매장에 한명이라도 더 단골고객을 만들기 위해 노력하다 보니 낯을 많이 가리던 저는 누군가에게 먼저 다가갈 수 있는 용기를 가질 수 있었습니다.

또한 매장에서 판매하는 물품을 주문할 때에는 아이들의 입맛을 고려하여 주문하고, 상품을 진열할 때에는 상품이 잘 팔릴 수 있도록 아이들의 연령에 따른 눈높이에 맞춰 상품을 진열하면서 꼼꼼함과 신중함도 기를 수 있었습니다.

 사례 4 - 여행사 OP업무 지원자

5분을 말하고 55분을 들어주는 리더

총무의 역할을 하며 학과 내에 불화 문제를 중재시킨 적이 있습니다. 두 계열이 합쳐지면서 인원이 적은 한 계열이 소외를 느끼는 일이었습니다. 총무로서 학회비와 학과운영에 어려움이 있었습니다.

직접 대면하여 그들의 이야기를 들어주며 작은 의견도 수렴하였고, 반대표들과 교수님들의 간담회를 주최하여 해결방안을 모색하였습니다. 주기적으로 적절한 공고를 통해 학회비 징수에 대한 수긍으로 불만이 해소되었습니다.

또한 모든 행사의 참여 인원을 두 계열이 똑같이 하도록 하였습니다. 소수를 배려하고 존중하려 노력을 한 결과 하나라는 동질감을 가지게 되고 학과 분위기가 화목해지는 것을 느낄 수가 있었습니다.

말하기보다는 들어주는 입장으로 다가가는 중재자의 모습에서 나온 결과라고 생각합니다.

 사례 5 - 외식업체 조리업무 지원자

기본기를 갖춘 후 유행 따라잡기

유행을 따라가는 것은 좋지만 기본이 되어있지 않은 상태에서 유행만을 따라간다면 좋지 않은 결과가 나올 수 있다는 것을 고등학교 축제 때 부스를 열고나서 알게 되었습니다.

고등학교 2학년 때 친구들과 봉사활동 동아리를 만들어 동아리회원을 직접 모집하고 장애인복지관에 문의하며 1년간 동아리 활동 시간마다 다양한 봉사를 하였습니다. 한 달에 2번 정도 복지관에 가서 꽃구경하기, 산책하기, 종이접기하기, 색칠공부하기 등의 활동을 하였습니다.

동아리 활동을 마무리할 때쯤 축제기간이 다가왔습니다. 어떤 부스를 열어야 하나 고민하다가 생각해 낸 것이 음료와 간식을 팔고 그 수익금으로 '굿네이버스(Good Neighbors)'라는 단체에 후원을 하기로 했습니다.

그 당시 전구병 음료와 뻥튀기 아이스크림이 유행이어서 잘 팔릴 것 같아 전구병처럼 생긴 용기에 자몽에이드와 레몬에이드를 만들어 담아 판매하였습니다. 하지만 생각보다 잘 팔리지 않았고, 너무 유행만을 따라가느라 소비자의 입장은 생각하지 않은 것은 아닌가 하는 생각을 하게 되었습니다.

그래서 가격을 내리고 직접 음료를 들고 나가서 홍보도 하고 길거리 판매를 통해 만든 음료 전부를 판매할 수 있었습니다. 덕분에 수익금 중 15만 원 정도를 '굿네이버스(Good Neighbors)'에 후원할 수 있었습니다.

이를 통해 단순히 유행하는 것이라고 해서 뭐든지, 누구나 잘 판매할 수 있을 것이라는 생각이 잘못되었다는 것을 알게 되었습니다. 이러한 경험을 바탕으로 유행을 따라가느라 기본을 놓치는 직원이 아닌 고객의 입장을 먼저 생각하고 실천하는 직원이 되도록 하겠습니다.

사례 6 - 면세점 판매업무 지원자

웃음과 진심으로 블랙리스트 고객을 녹여내다

카페에서 했던 아르바이트를 통해 외국어 실력과, 서비스마인드를 익혔습니다.

어느 곳에서 일하든지 조금 이상한 고객은 있기 마련입니다. 제가 일했던 카페에도 소위 말하는 '블랙리스트 손님'이 있었습니다. 매장에 없는 음료를 요구하기도 하고, 가격을 깎아 달라며 언성을 높이거나, 음료가 맛이 없다며 환불을 요구하곤 하였습니다.

함께 일하는 직원들 사이에서 그 고객은 기피 대상이 되었습니다. 어느 날 그 손님이 저희 매장을 방문하였고, 마침 제가 근무를 하고 있었습니다. 다른 직원들이 그 고객을 상대하려 하지 않았기에 제가 그 고객을 응대하게 되었습니다. 저는 웃는 얼굴에 침 못 뱉는다는 속담을 생각하며 환한 미소로 시종일관 고객을 바라보고, 고객의 요구에 집중했습니다. 그래서 그랬을까요. 그 날은 별 불만 없이 차를 마시고 가셨습니다.

그리고 며칠 뒤 저희 가게를 방문한 고객을 환하게 웃으며 맞이하는 저를 보고 고객은 제게 이 매장 매니저냐고 물으셨습니다. 저는 아르바이트생이라고 말씀드렸습니다. 그러자 고객은 매우 놀라며 무리한 요구를 하는데도 매번 생글생글 웃으며 친절한 모습을 보여줘서 매니저나 정직원이라 생각했다고 하셨습니다. 그리고 제가 제공한 서비스뿐 아니라 제조한 음료까지도 칭찬을 해주셨습니다.

저는 그 고객을 통해 진정한 서비스인의 자세를 배울 수 있었습니다. 언제나 불만을 제기하시던 소위 블랙리스트 고객이 저의 진심과 마음을 알아보고 단골이 되어 저에게 칭찬을 해 주셨을 때 그 무엇보다도 값지고 소중한 경험이 되었습니다.

면세점에서 근무하다 보면 성별과 국적을 불문하고 다양하고 새로운 고객을 대하게 될 것이고, 요구사항 역시 다양할 것입니다. 고객이 다양한 서비스를 원하시면 아르바이트하며 블랙리스트 고객을 단골로 바꿨던 경험을 살려 유연하게 고객이 원하는 서비스를 제공해드릴 것입니다.

사례 7 - 외국계 자동차회사 기획팀 CRM마케팅 직무 지원자

데이터베이스 마케팅을 통한 CRM마케팅에 승부를 걸다

　　대학 3학년 방학 때 사촌형이 창업한 온라인쇼핑몰 회사에서 아르바이트를 하면서 우연찮게 고객DB분석을 통해서 가능성 있는 '특성화된 구매회원'을 뽑는 일을 해 보게 되었습니다. 그때 고심 끝에 선별한 1,205명한테 기존 구매 제품과 연관 된 신제품 홍보 이메일을 보내서 16%인 193명한테 구매를 이끌어 냈습니다.

　　이를 계기로 DB(데이터베이스)를 이용한 CRM이라는 것에 관심을 가지게 되었으며, 4학년 때는 좀 더 구체적으로 배워보고 싶어서 관련 과목이 있는 수업(경영학 기초/소비자 마케팅론/경영정보학 개론/CRM 마케팅)을 들었습니다. 그리고 평소에 좋아했던 자동차 업종에서 회원 DB를 이용한 CRM을 해 보고 싶어서 이렇게 지원하게 되었습니다.

(3) 성격의 장·단점 작성

1) 성격의 장·단점 작성 포인트

- 희망하는 직무를 수행하는 데 필요한 성격과 관련된 장점과 단점(3줄)
- 위에 언급한 단점을 고치기 위해 현재 구체적으로 행하고 있는 일(3줄)

　　자기소개서에서 본인 스스로 성격을 말하는 것이 쉽지는 않다. 중요한 포인트는 지원한 직무가 어떤지에 대해 판단을 하고, 지원한 직무에 필요한 장점을 찾아 작성해야 한다. 예를 들면 영업직이라면 사람들과 만나는 걸 좋아하니 모임에 자주 나가서 사람들의 말을 자주 들어준다든지 등 무조건 직무와 연결시켜서 본인의 성격을 강조해야 된다.

또한 단점을 적을 때도 지원하는 직무에 필요한데 약간 모자란 점을 단점으로 들어 고쳐 나가는 중임을 피력해야 한다. 만약 "나는 리더십이 강해서 내 주장이 강하다."라고 할 경우에 여기서 단점만 적고 끝내는 게 아니라 이러한 단점을 보완하기 위해서 어떤 특정한 노력을 함께 하고 있다라는 점까지 적어야 한다.

2) 성격 장단점 및 자신의 장단점 작성방법

성격 장단점을 작성할 때에는 반드시 두괄식으로 작성하기를 바란다. 물론 다른 자기소개서의 항목들도 두괄식으로 작성하는 것이 좀 더 좋지만 성격 장·단점 만큼은 필히 두괄식으로 작성해야 한다. 아울러 STAR 기법을 활용하여 작성하면 좋다 그래야 읽기도 좋고 글의 논리구조가 매끄럽게 진행된다고 할 수 있다.

① 장점을 쓸 때는 신뢰성을 주어야 한다.

우선 장점을 작성할 때에는 자신의 성격 장단점을 신중하게 생각하기 바란다. 그리고 장점을 도출했다면 장점에 이어서 장점으로 얻었던 이익의 경험을 덧붙여 이야기하면 담당자에게 좀 더 논리의 신뢰성을 줄 수 있다. 그냥 간단하게 성실하다, 책임감이 있다, 끈기가 있다 등의 내용으로 자신의 장점에 대해서만 이야기하다 보면 좀 듣기 거북해질 수 있다.

좀 더 자세히 구체적으로 자신이 어필하고자 하는 부분을 작성해야 한다. 자신이 열정이 있다는 것을 보이고 싶다면 왜 열정이 있는 사람인지 그에 따르는 근거나 경험담을 같이 설명해줌으로써 설득력을 높여줄 필요가 있다. 즉, 장점을 내세우면서 그 내용을 뒷받침할 만한 경험이나 근거를 제시하는 것이 좋다고 할 수 있다.

② 단점은 진솔해야 한다.

단점을 이야기할 때는 조심해야 할 부분이 많이 있다. 절대 단점만으로 끝내서는 안 되며, 그 단점은 상당히 개선되었으며 앞으로도 개선되어 갈 것이라는 식으로 이야기를 풀어가야 한다.

자신의 단점을 인정하고 그것을 개선하기 위해 어떤 노력을 하였으며 어떻게 개선이 되었다는 식으로 밝히는 것이 훨씬 인사담당자에게 인간적인 이미지를 심어줄 수 있다.

③ 성격 장단점 작성법에 대해 살펴보았다면, 예문도 함께 살펴보도록 하자.

예시 1

대학교 생활과 아르바이트 활동을 통해서 사람들과의 관계를 맺음에 소극적이던 자세에서 벗어나 분위기를 리드하면서 사람들과의 만남을 즐기게 되었습니다. 성격이 급한 것이 단점이지만 '급하다'는 장점을 통해서 학과에서 긴급한 일이 생겼을 때 빠르게 해결책을 내놓아 신속하게 대처할 수 있었습니다.

아르바이트를 하면서 시간을 넘기더라도 일에 차질이 생기지 않도록 하기 위해 자진하여 늦은 시간까지 일을 끝마치고서야 퇴근하였던 적이 있습니다. 사장님께서는 이러한 저의 성실함과 책임감에 신뢰감을 얻어 중요한 일들을 제게 믿고 맡기셨습니다.

예시 2

저의 장점은 신뢰와 자신감에서 나옵니다. 어떠한 프로젝트를 진행할 때 마감시한을 지키는 것을 중요시하여 제가 맡은 일에 책임을 다하는 능력을 갖고 있어 꼼꼼한 일처리와 조직화를 통해 최적의 결과물을 얻는 데 소질이 있습니다.

매사에 자신감을 갖고 긍정적인 사고방식을 통해 다른 사람과의 관계를 원활하게 유지하고 있습니다.

주어진 일에 대해 잘못된 판단과 지나친 자신감 때문에 능력을 벗어나는 무리수를 둔 다른 사람들에게 본의 아니게 피해를 입힌 경우가 있습니다. 이런 단점을 고치기 위해 그렇게 된 이유를 분석하여 다음 일에 영향을 최소화하는 데 노력을 합니다. 시행착오를 겪고 그것을 고치려는 자세가 오늘날의 경쟁력 있는 저를 만들 수 있었습니다.

예시 3

국적과 나이를 초월한 남다른 사교성

진솔한 말솜씨와 경청의 자세로 다양한 배경, 나이의 사람들에게 편안하게 다가가는 것은 저의 장점입니다. 아버지의 사업으로 어린시절 공단에 살면서 다양한 국적과 나이의 사람을 만나게 되었고, 그것은 대학에 진학한 후 객석안내원 아르바이트, 휴대폰 교육봉사에서도 나오는 다른 삶을 살아온 사람들과 허물없이 지낼 수 있는 사교성의 바탕이 되었습니다. 이는 다양한 사람과 소통해야 하는 교육관리직 업무에 있어 저만의 장점이 될 것입니다.

반면, 어떠한 일을 시작하겠다고 마음먹으면 '시작이 반이다'라는 마음으로 우선 부딪히고 보는 성격입니다. 때문에 종종 예상치 못한 벽에 막혀 멈춰야 하는 경우가 생기곤 합니다. 장대한 시작보다는 완성된 마무리가 중요하다는 것을 알기 때문에 장기적인 계획을 통해 일을 진행하고자 노력하고 있습니다.

전문가 클리닉

다른 차이점이 보이시나요? 소제목을 눈에 띄게 딱 정리를 한 부분인데요. 제목을 붙이는 것도 하나의 방법인데 인사과에서는 하루에 수만개씩 이력서를 체크하다 보면 사람이 하는 일이다 보니 지쳐서 눈에 안들어 올 경우가 있어요. 이 때 제목을 달아주면 한눈에 딱 들어오게 되면서 서류통과 합격률을 높이는 방법 중 하나가 될 수 있습니다.

아무래도 소제목은 내용을 총체적으로 나타낼 수 있는 압축적인 내용이어야만 하겠죠? 살펴보면 국적과 나이 초월이라는 게 확 들어오면서 글로벌적인 감각을 가졌겠구나 라고 생각이 들게 만들고요. 밑에는 마케팅, 공모전이라는 글이 눈에 들어옵니다. 이를 통해 마케팅 감각이 있겠구나 라고 인사부에서는 받아들일 수가 있겠지요?

사례 1 - 여행사 OP업무 지원자

꿈꾸는 다락방을 통해 긍정의 힘을 배우다

긍정의 힘이 얼마나 대단한지를 보여주는 '꿈꾸는 다락방'이라는 책에 나오는 'R=VD 생생하게 꿈꾸면 이루어진다.'는 말은 제가 항상 긍정적으로 생각할 수 있게 만들어 주었습니다. 평소 힘든 일이 생기면 좌절하거나 우울해하기보다는 평소보다 더 힘을 내고 더 많이 웃으려 노력합니다.

대학교 1학년 축제 때, 학과에서 진행하는 영어연극에서 친구들과 함께 의상담당을 맡은 적이 있었습니다. 순탄할 것만 같았던 의상을 고르고 대여하는 일은 의상에 대한 친구들의 의견차로 인하여 일이 틀어지기 시작하였고, 엎친 데 덮친 격으로 대여할 의상이 망가지는 등 점점 문제가 발생하였고, 이대로는 연극날짜에 맞춰 의상을 대여하는 것이 힘들어질 것 같았던 저는 이 상황을 어떻게든 해결하기 위해 친구들에게 긍정의 힘을 전파하려고 노력하였습니다. 이러한 저의 위기 속에 피어나는 긍정의 힘은 점차 팀 내 분위기를 좋게 만들어 위기를 극복하고 연극을 순조롭게 마칠 수 있었습니다.

반면에 저의 단점은 다른 사람의 부탁을 잘 거절하지 못하는 것입니다. 우유부단하게 비춰질 수 있지만 친구 또는 아르바이트를 할 때에도 같이 일하는 동료나 윗분들께서 부탁을 하시면 저를 믿고 신뢰하기 때문에 부탁하신 것이라는 생각이 들어서 제가 다른 일이 있더라도, 조금 힘들더라도 부탁을 잘 들어주는 편입니다. 저의 이러한 장점과 단점이 업무를 함에 있어서 많은 도움이 될 수 있도록 노력하겠습니다.

 사례 2 - 호텔 객실부 프론트데스크 지원자

어떠한 경우라도 인사는 모자란 것보다는 지나친 것이 낫다 - 대문호 톨스토이

제 장점은 첫째, 활기차게 인사를 잘합니다. 언젠가 택시를 탈 때 늘 하던 습관처럼 기사아저씨에게 활짝 웃으며 '안녕하세요'라고 인사를 드렸습니다. 택시비를 지불하자 기사 아저씨는 학생이 밝게 웃으며 인사해 줘서 고맙다며 택시비를 깎아 주셨습니다.

둘째, 매사에 최선을 다합니다. 'It ain't over Until It is over', 끝날 때까지 끝난 것이 아니라는 마음으로 모든 일을 처리하는 사고방식을 지녔습니다.

반면 저는 지나치게 꼼꼼한 성격입니다. 학과의 간부였던 저는 학과 일을 하면서 검토 과정에서 시간이 오래 걸릴 때가 있고, 하고자 하는 욕심에 모든 일에 매달려 정작 중요한 일을 하지 못한 경우가 있습니다. 이를 보완하고자 중요도별로 나누어 계획하고 일정 시간을 두고 그 안에 처리하려는 습관을 들이고 있습니다.

 사례 3 - 호텔 식음료부 F&B 지원자

Step By Step

'가장 적은 것으로도 만족하는 사람이 가장 부유한 사람이다.'라는 말처럼 큰 것이 아니더라도 적은 것으로 큰 행복을 누릴 수 있다는 점에서, 마음의 풍족함을 느끼며 어떠한 결과를 기다리거나 공부를 할 때도 차분한 자세로 실수 없게 순차대로 하는 편입니다. 그 바탕으로 인내심과 끈기, 문제 해결력을 키울 수 있는 디딤돌이 되었습니다.

또한 대학시절 2년 동안 줄곧 학과 리더를 도맡아하면서 학우들의 의견을 경청하는 것과 분산된 여러 의견을 정리하여 최대한의 시너지를 만들어 낼 수 있도록 노력하면서 자신감과 리더로서의 책임감을 가진 사람으로 성장할 수 있었습니다.

각각의 사람들과 소통하는 것, 그리고 내 생각만이 아닌 다른 사람의 생각도 경청해보고 그들의 생각을 이해하면서 고민거리를 많이 들어주고 차선책을 제시해주는 편인데, 그런 성격을 바탕으로 많은 사람들이 저에 대한 신뢰감을 형성하고 그로 인해 더 좋은 인맥을 만들어 나갈 수 있었습니다.

당근과 채찍

어떤 일을 하든 간에 완벽하게 끝낸다는 완벽성을 추구하는 터라 일 처리 과정에서 스트레스를 받는 편입니다. 이러한 단점을 보완하고자 스트레스를 받을 때면 저의 취미인 노래를 듣거나 또는 노래를 부르며 스트레스 해소와 마음 수련을 합니다. 또한 시간이 날 때면 등산을 하고 혼자 여행을 다니며 생각을 정리하면서 스트레스를 많이 받는 단점을 보완하고 있습니다.

 사례 4 – 대한항공 객실승무원 지원자

캐나다에서 911 긴급전화로 알게 된 나의 장단점

긴급 상황에서도 당황하지 않고 침착하게 대처하는 장점을 가지고 있습니다.

캐나다에서 어학연수를 하고 있을 때 하루는 저녁에 친구와 발코니에 나갔다가 갇힌 적이 있었습니다. 왜냐하면 제가 살고 있던 집은 문을 닫으면 자동으로 잠기는 발코니 문이었는데, 그것을 기억하지 못하고 문을 닫았기 때문입니다.

문이 잠겼다는 것을 깨달은 순간 정신이 없는 와중이었지만 침착하게 911에 전화를 걸어 영어로 차근차근 상황을 알리고, 소방관이 올 때까지 친구를 안심시키며 기다렸습니다. 저는 어떠한 상황에서도 당황하지 않고 최대한 침착한 태도로 상황을 대처하였으며, 아울러 친구 또한 책임져야 한다는 책임감을 발휘할 수 있었습니다.

반면, 가끔 '깜빡'하는 경향이 있습니다. 사실 발코니 문이 자주 잠긴다는 사실을 그 순간 깜빡하여 그런 상황이 발생한 것입니다. 이 사건 이후 잊지 말아야 하는 것이나, 해야 할 일 등은 메모하는 습관을 들이고 있습니다. 그리고 매일 아침 메모한 내용이나 그날 해야 할 일을 점검하면서 단점을 고쳐나가고 있습니다.

이처럼 돌발 상황에서 저의 책임감을 동반한 침착한 상황대처능력과, 저의 메모습관은 훗날 컴플레인 없는 대한항공이 될 수 있는 밑거름이 될 것입니다.

사례 5 - 인천공항면세점 판매업무 지원자

"촌음시경(寸陰是競)**, 역지사지**(易地思之)**"**

　어렸을 때부터 약속과 시간에 예민했습니다. 그래서 학교를 다니면서 지각을 해본 적이 없습니다. 보습학원 등 하루에 여러 개의 학원을 가는 날이더라도 학원 시간에 늦을까 걱정되어 밥을 포기하고 학원에 갔습니다. 학교와 학원의 숙제 역시 약속이라고 여겼습니다. 때문에 늦은 밤까지 숙제를 완성해 갔습니다. 이러한 이유로 성실한 학생, 친구라는 이야기를 많이 들었습니다.

　또한 친구들과 다투지 않으려 노력합니다. 따라서 최대한 친구에게 싫은 소리를 하지 않으며 양보와 배려를 하려고 노력합니다. 해외취업연수 때, 룸메이트 친구들은 저를 '양보왕', '배려왕'이라고 부르기도 했습니다. 또한 다투게 될 것 같다는 생각이 든다면 친구의 화가 난 이유를 이해하려고 노력합니다.

　하지만 이러한 저의 모습 때문에 때때로 상대방이 저를 만만하게 보는 경우가 있습니다. 그런 경험 때문에 친구에게 해야 할 말은 해야 할 필요가 있다는 생각을 하게 되었습니다. 최근에는 되도록 상대방의 기분이 상하지 않는 범위 내에서 제 의견을 정확히 말하도록 노력하고 있습니다.

 사례 6 - 외식업체 식음료부서 지원자

3번의 전학, 빠른 적응력으로 친구를 사귀다

　친화력과 빠른 적응력이 저의 장점입니다.

　광명종합사회복지관에서 봉사활동을 할 때 광명지역 여러 중·고등학교 학생들이 모여 함께 활동을 했습니다. 그때 저는 조장을 맡았었는데, 처음 만나는 학생들과 조를 만들어 활동한다는 것이 쉽지 않았지만 특유의 친화력으로 재미있는 이야기를 하며 아이스브레이킹(ice breaking)을 해서 다른 조보다 신속하면서도 좋은 결과물을 낼 수 있었습니다.

　초등학생 때 아버지 직장 때문에 3번이나 전학을 하게 되었습니다. 당시 어린 저에게는 그동안 다니던 학교를 떠나 새로운 학교와 새로운 친구들을 만나는 것이 좋지만은 않았지만 최대한 빨리 학교생활에 적응하고, 친구를 사귀려고 노력하였습니다. 제가 좋아하는 장난감이나 간식 등을 준비해서 짝꿍에게 주거나, 주변 친구들에게 나눠 주었습니다. 그러한 일로 저는 학교생활에 빠르게 적응하고, 성적 또한 우수하게 학업을 마쳤습니다.

반면 저의 단점은 웃음이 헤프다는 것입니다. 어디서나 웃는 모습 때문에 행실이 가벼워 보이고, 가끔은 비웃는 것 같다는 오해를 받기도 했습니다. 이런 단점을 고치고자 저는 말하는 이의 눈을 바라보며 대화의 주제에 따라 다양한 표정을 지으려고 노력합니다. 눈을 마주보면 상대방의 진심이 더 잘 느껴지기 때문에 상대방 대화의 주제에 맞춰, 항상 웃는 모습이 아닌 공감하며 함께 한다는 느낌을 주고자 하고 있습니다.

(4) 지원동기와 입사 후 포부 작성

1) 지원동기와 입사 후 포부 작성하기

- 수많은 동종 업종 기업 가운데 해당 본 회사를 지원한 동기(3줄)
- 지원자가 품고 있는 입사 5년 혹은 10년 후의 구체적인 포부(3줄)
- 위의 포부를 이루기 위한 3년, 5년, 7년 뒤의 목표와 그 목표를 이루기 위한 구체적인 계획(3줄)

지원동기 및 포부를 작성할 때 키 포인트(key point)는 첫째, 지원동기 작성 전 회사에 대한 정보 수집을 철저히 해야 한다는 것이다. 그 기업이 가지고 있는 비전과 경영 철학 같은 것을 잘 살펴보고 회사에서 열심히 일을 할 수 있다는 것을 보여주어야 한다. 즉, 지원하는 회사에 대해 애정과 관심을 가지고 공부했다는 티를 내야 한다. 둘째, 회사에 어떤 이득을 가져다 줄 수 있는지를 생각해서 써야 한다. 셋째, 회사에 입사해 어떤 마음가짐으로 어떤 노력을 하여 회사에 맞는 인재로 성장할 것인지, 입사 후 5년 후 또는 10년 후에는 어떤 분야의 전문가 또는 인재가 되어 있을지 등의 목표를 정한 후 작성해야 한다.

어렵사리 취업정보 사이트를 통해 잘 맞을 것 같은 회사를 찾았다고 해서 그 회사에 덜컥 붙는 것은 아니다. 여러 가지 정보를 찾아보고 내가 왜 이 회사를 마음에 들어 하는지에 대해 생각해 보고 충분히 준비를 해야 한다. 그래야 회사도 이 사람이 정말 우리 회사에 들어오고 싶어 하는구나, 애사심을 가지고 열심히 일할 사람이구나 하는 것을 느끼게 된다. 지원동기 항목은 바로 이런 것이 드러나야 하는 항목이다.

회사는 준비된 인재를 원한다는 것은 이미 숙지하고 있을 것이다. "내가 바로 준비된 인재에요!"가 여러분이 이 항목을 쓰는 이유이다. 준비된 인재라는 것이 드러나게 하려면 어떻게 써야 할까?

우선 회사에 빠르게 적응하겠다는 느낌을 주는 것이 가장 중요하다. 소개팅에서 저 여자가 나랑 잘 맞겠구나 하는 느낌을 전하듯이 말이다. 그러면 회사에 대해 많은 정보를 알고 있어야 하고, 희망직무에 대한 지식 외에 내가 가지고 있는 능력이 이 회사에 얼마나 적용이 될 것인지에 대해 구체적으로 파악하고 있으면 좋다.

즉, 업무를 지원하기 위해서 준비해 왔던 것들을 구체적으로 언급할 필요가 있다는 말이다. 준비한 것을 보면서 비전을 평가하고 입사 후에도 본인의 목표를 계획적으로 실천할 수 있는 사람이라고 기대하게 된다. 그러한 사항을 자기소개서에 쓰는 것이 바로 지원동기와 입사 후 포부 항목이다.

사례 1 – S호텔 식음료부문 지원자

'이글 이글' 열정을 가득 담고 출발~

"우리는 품격과 신뢰를 바탕으로 고객이 꿈꾸는 라이프스타일을 제공하는 글로벌 선도기업"이라는 S호텔의 비전(Vision)을 보고 저도 누군가에게 편안함과 기분 좋은 서비스를 제공하고 싶었습니다.

고등학교 3학년 때 일본호텔에 머물게 되었습니다. 그때, 느꼈던 호텔에서의 편안함과 쾌적함 그리고 기분 좋은 서비스가 너무나도 좋았습니다. 그래서 저도 누군가에게 편안하고 기분 좋은 서비스를 제공하고 싶었습니다.

또한, 서비스마인드를 갖추고, 끊임없는 자기 개발을 하며, 미래를 준비하고 도약할 수 있는 인재를 바라는 S호텔을 보며 앞으로 더 성장할 수 있는 기업이라고 생각했습니다.

이러한 S호텔에 입사해 일을 하게 된다면 스스로도 더욱 더 좋아지기 위해 노력하여 고객들에게 먼저 다가갈 수 있을 것이라 확신하며 제가 개선하고 성장할 수 있는 힘을 주위환경과 동료들부터 얻을 수 있기에 더 좋아질 수 있습니다.

S호텔에 입사한 후 3년 뒤에는 제가 있는 자리에서 최고가 되지는 못해도 실수와 잘못을 줄여나가 업무에 차질이 생기지 않도록 할 것입니다. 그리고 동료들에게 모범이 되는 동료로, 후배들에게는 존경받는 선배로, 상사분들에게는 칭찬받는 직장인으로, 손님들에게는 기억에 남는 직원으로 일하겠습니다.

사례 2 – W호텔 객실부 프론트데스크 지원자

우리나라 호텔의 역사를 써온 워커힐에서 호텔리어 *** 역사를 쓰다

지난 1963년 오픈 이래 지금까지 대한민국 호텔 역사에 주역으로서의 자리를 굳건히 지키고 있는 W호텔은 아름다운 자연과 감동적인 서비스로 고객에게 즐거움, 편안함, 행복함을 제공하고 있습니다.

개관 이래 지금까지 꾸준한 시설 투자를 통해 W호텔, 컨벤션센터, 쉐라톤 타워스 개관, 파로그랜드 오픈, 그랜드 워커힐 서울 오픈, 인천국제공항 제1, 2여객터미널 내 다락휴 캡슐호텔 오픈, 다락휴 여수를 오픈하였습니다. 또한 김치 전문 연구실 및 업계 최초 전문 아카데미를 개원하는 등 우리나라 호텔&리조트업을 선도하고 있으며, 호텔 서비스 전문 인력 양성, 전문 CS컨설팅 및 교육 솔루션을 제공하고 있는 명실상부 우리나라 호텔을 대표하고 있습니다.

이러한 W호텔의 'Awakening Senses'라는 슬로건에 맞는 고객에게 즐거움을 주는 인재, 고객이 편안함을 느낄 수 있도록 배려하는 인재, 고객이 머무는 동안 행복함을 느끼실 수 있도록 고객 한 분 한 분에게 최선을 다하는 호텔리어가 되겠습니다.

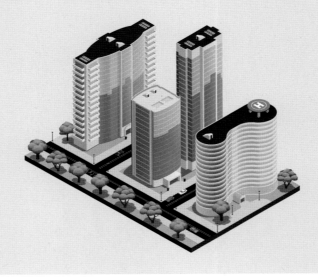

사례 3 – L여행사 상품기획개발부서 지원자

대한민국이라는 보물을 보석반지로 디자인할 사원

　　L여행사가 42년간의 국내관광 노하우와 인프라로 국내관광객에게 접근성이 가장 좋은 기업이라는 것에 강하게 끌렸습니다. 우리나라에는 보석 같은 아름다운 강산이 많습니다. 저는 홀로 떠난 여행으로 오대산을 보았는데, 웅장하게 울부짖는 자연을 보고 놀라본 경험이 있습니다. 취미가 등산이어서 집과 가까운 산에 자주 가는데 작은 산에서도 앙증맞은 거북이 약수터를 보면 피로가 풀리는 기분이 듭니다.

　　L여행사에 입사하여 대한민국에 있는 아름다운 자연환경과 힐링(heeling)을 융합하여 관광상품을 개발하겠습니다. 걷기는 심신을 안정하는 데 효과가 있다고 합니다. 좋은 길을 걷기를 할 수 있는 걷기 프로그램과 상담 선생님을 초빙하여서 자연 속에서 가벼운 담소를 나눌 수 있는 관광상품도 국내 고객과 가장 친근한 L여행사에 입사하여 개발해 보고 싶습니다. 코레일과의 협연을 통한 L여행사의 합리적인 여행문화도 만들어 보고 싶다고 생각합니다.

　　L여행사에서 보석 같은 관광자원을 기반으로 보석반지 같은 관광상품으로 만들어내는 사원이 되겠습니다. 입사 후 저는 첫째, 맡은 직무에 끝까지 최선을 다하는 사원이 되겠습니다. 맡은 직무에 책임감을 가지고 끝까지 완수하는 사원이 되겠습니다. 직무를 공부하여 맞춤형 인재가 되겠습니다. 여행의 시작에서 고객의 마지막 소리까지 듣고 개선할 수 있도록 대안을 내겠습니다.

　　둘째, 장점을 보는 사원이 되겠습니다. 친구들의 장점을 잘 발견하여서 친구들은 저에게 자신의 장점을 묻곤 합니다. 저의 장점을 잘 보는 눈으로 동료의 장점을 발견하여 같은 일을 하더라도 더 자신의 능력을 발휘할 수 있는 일을 발견하는 데 도움을 주고 싶습니다.

　　셋째, 자기개발에 적극적인 사원이 되겠습니다. 무쇠도 갈면 바늘이 된다는 말이 있습니다. 끊임없이 스스로를 갈고 닦아 더 필요한 사원이 되겠습니다. 관광산업에 트렌드를 이끌어가는 L여행사 사원이 되어 21세기 관광산업을 공부하여 국내관광업에 쓰일 지식을 공부하겠습니다.

　　넷째, 여행사의 트렌드 세터(Trend Setter)가 되겠습니다.

　　최신이슈를 항시 연구하며 항상 '지금' 사람들이 가장 가고 싶은 여행을 연구하는 사원이 되겠습니다. 21세기 성장하고 있는 의료관광과 컨벤션 등 다양한 관광과 문화를 여행상품에 접목시켜 우리나라 여행업을 이끌어가는 L여행사의 사원이 되겠습니다.

사례 4 – B여행사 여행상담업무 지원자

변화와 혁신을 이끌어 갈 여박인으로 성장할 터~

여행사에 관심을 가지게 된 후 여러 여행사에 대해 알아보고 그중에서 B여행사를 선택한 이유는 B여행사를 통해 여행을 갔던 경험과 B여행사가 추구하는 기업철학 때문입니다. 2018년 8월 일본 오사카행 항공티켓을 구매하기 위해 서울에 있는 B여행사 본사를 방문하게 되었습니다.

취업을 희망하는 업체 중 한 곳이었고, 언론 등을 통해 어느 정도 호감을 갖고 있던 여행사였기에 회사분위기와 직원들의 근무모습 등을 관심을 갖고 살펴보게 되었습니다. 당시 제가 구입한 것은 항공티켓 한 장이었지만 저를 응대한 직원은 항공티켓 외에도 오사카 여행에 도움이 되는 다양한 여행정보와 자유여행에 필요한 자료 등을 꼼꼼히 챙겨주며 안전하고 즐거운 여행이 되셨으면 한다는 멘트를 해 주었습니다. 이를 통해 저는 B여행사가 고객 한 사람 한 사람을 진심으로 소중하게 여기고 있구나 하는 인상을 받을 수 있었습니다.

이후 B여행사 황** 대표의 인터뷰를 뉴스를 통해 접하게 되었는데 "직원들이 자랑할 수 있는 회사를 만들겠다"며, "직원이 즐거워야 고객도 즐겁다."라는 얘기를 하였습니다. 여행박사 채용 홈페이지에 기업 마인드를 이해하고 고객을 가족 같이 대할 수 있는 사람은 가장 중요한 합격조건이라는 것을 보았습니다. 저는 누구보다도 이 문구에 잘 맞는 사람이라고 생각하고 여행박사와 함께 제 미래를 시작하고 싶습니다.

대학교 때 제 별명은 '해외봉사왕'이었습니다. 방학 때마다 저는 미얀마, 태국, 필리핀, 인도 등으로 해외봉사를 다녀왔습니다. 봉사활동을 하는 동안 페이스북, 인스타그램, 네이버 블로그 등에 지역은 물론 봉사활동 내용 등에 대해 업데이트를 하였습니다.

저의 이런 경험을 토대로 B여행사 상품개발부서에서 초, 중, 고는 물론 대학생을 대상으로 한 각국의 다양한 봉사활동 프로그램을 개발하고 싶습니다.

사례 5 - E투어 OP업무 지원자

백/문/이/불/여/일/견

저의 생활신조로서 여행사에 도전할 수 있는 원동력이 됩니다. 백 번 듣는 것보다 한 번 보는 경험의 감동을 고객들과 함께 나누고 싶습니다. 얼마 전 제주도의 올레길에 섰을 때, 두려움이 있었습니다. 하지만 지도를 의지하고 포기하지 않는 도전정신으로 목표를 이룰 수 있었습니다. 이처럼 여행사라는 지도를 지녀서 두려움을 떨치고 나아가 세계를 품는 감동을 주도하고 싶습니다.

미래를 내다보고 세계를 품은 기업이야말로 이 시대에서 살아날 수 있다고 생각합니다. 여행사는 각국의 해외지사에서 글로벌 전략을 통해 비약적 성장을 도모하여 아시아와 미주를 넘어 세계를 품을 기업입니다. 미래에 대한 강한 도전정신으로 여행사에서 저의 비전을 펼쳐 보고 싶은 간절함이 절실합니다. 관광산업의 밝은 21세기를 이끌어가는 열정품은 여행인이 되겠습니다.

1. 여행사와 동고동락하겠습니다.

여행사의 OP의 한 구성원으로서 소속감에 대한 강한 자부심과 자신감을 가지고 모든 어려움을 극복하겠습니다. 전화와 예약업무 등 사무직의 맡은 역할과 책임을 다하고 여행사를 홍보하는 일에도 앞장서기를 희망합니다.

2. 여행사와 함께 친구가 되겠습니다.

슬픔은 반으로 기쁨은 두 배로 만드는 친구가 되어 고객에게 친근하게 다가가겠습니다. 고객의 작은 소리에도 응답하고 귀 기울여 메모하는 저만의 최고의 서비스로 고객을 최우선으로 할 것입니다.

3. 세코이아 나무와 같은 신입사원이 되겠습니다.

씨앗 속에 보이지 않는 어마어마한 나무가 있듯이 오늘의 모습 속에 보이지 않는 미래가 숨어있습니다. 겨우 0.05그램의 씨앗에서 높이가 백여 미터, 둘레가 30미터 이상 되는 세코이아 나무처럼 지금은 비록 씨앗에 불과하지만 세계를 무대로 여행사에서 높고 크게 성장하는 사람이 되겠습니다.

사례 6 – 인천공항면세점 판매업무 지원자

你试试吧。

　의류와 가방 판매 분야에 종사하셨던 부모님을 도와드리며 흥미를 느낀 적이 많습니다. 부모님이 일하셨던 곳에 중국 관광객들이 많이 오곤 했습니다. 짧은 중국어로 중국 관광객들과 소통하며 옷을 한두 벌 판매하고 나면 대단히 뿌듯했습니다.

　이러한 경험으로 인해 서비스업과 판매업에 대한 관심이 커졌습니다. 이 두 가지 업종을 함께 하기 위해서는 언어능력이 필수적이라는 생각이 들어 영어 및 중국어 공부를 하며 고객과의 원활한 의사소통을 위해 꾸준히 노력하고 있습니다. 그리고 두 업종을 함께 체험할 수 있는 분야가 면세 사업이라고 생각하여 지원하게 되었습니다. 서비스 판매를 하며 뿌듯함을 느끼기보다는 고객에게 훌륭한 서비스로 판매하여 만족감을 드리고 싶습니다.

　**면세점에 입사하게 된다면 언제나 성실한 신입으로서 재고관리, 매출관리 등의 업무를 잘 파악하여 제가 맡을 업무에 대한 지식과 역량을 고루 갖추어 나가겠습니다. 다양한 변수에 대한 대처능력을 길러 영업 직무에 대한 전문성을 높이겠습니다. 배움 이후, 전문가로 성장할 것이며 끝까지 배움의 자세를 놓지 않을 것입니다. 이제 막 흙을 뚫고 자라난 새싹인 제가 이 업무를 통해 뿌리까지 단단한 나무가 되는 것이 저의 목표입니다.

2) 지원동기 및 포부에 들어가야 할 사항

• 왜 이 일이 하고 싶은가?

가장 궁금한 질문이다. 대체 왜 이 일을 하고 싶은건가, 얼마나 열정적으로 일을 할 것인가에 대한 모든 궁금증이 들어있는 질문이다. 이 대답만 잘해도 절반은 성공한 셈이다.

• 왜 이 회사에 들어가고 싶은가?

수많은 회사 중 왜 우리 회사에 오고 싶어 하는지가 궁금할 것이다. 따라서 당신 회사에 관심을 갖게 된 이유, 당신 회사의 어떤 이유가 나로 하여금 지원하게 했는지를 밝혀야 한다.

회사 측면에서도 수많은 지원자 중 가장 회사에 오고 싶어 하는 사람에게 더 큰 관심을 가지게 된다. 뽑혀도 되고 안 뽑혀도 된다는 느낌을 주는 지원자에게까지 신경 쓸 회사는 없다. '꼭 가고 싶습니다'라는 느낌이 들도록, 그리고 왜 이 회사에 지원했는지에 대해 작성하자.

• 뽑아주면 앞으로 어떻게 할 것인가?

비전이 없는 사원은 회사에 꼭 필요한 인재라는 느낌을 주지 못한다. 비전 없는 사람을 공들여 채용할 바보 같은 회사는 없다. 앞으로의 미래에 꿈이 있고 목표가 있는 사람이 훨씬 역동적이고 열심히 일한다는 것은 회사도 지원자도 모두 알고 있다. 중요한 것은 그것을 어떻게 보여주는가 하는 것이다. 완성도 높은 비전을 구체적으로 제시하라.

① 한눈에 지원동기가 보이는지 확인하라. 만약 보이지 않는다면 구성을 변경하라.

② 회사에 대한 정보를 인터넷에서만 찾지말고 기사나 출판물까지 다 찾아라.

③ 지원이유가 회사의 미래 비전과 잘 맞닿아 있는지 확인하라.

④ 입사 후의 목표가 너무나 당연한 것은 아닌지 확인하라.

예 일을 열심히 하겠습니다. 최선을 다하겠습니다.

⑤ 핵심 포인트에 잘 맞추어 지원동기와 입사 후 포부를 작성했는지 확인하라.

알아보기   매력적인 자기소개서

첫째, 맞춤형 자기소개서

맞춤형이란 지원기업만을 위해 작성했다는 느낌이 드는 자기소개서로 해당 기업의 인재상과 지원직무에 꼭 맞는 인재가 바로 자신임을 표현한 자기소개서다. 이를 위해서는 회사와 지원직무에 대한 정확한 정보가 바탕이 되어야 한다.

둘째, 차별화된 자기소개서

차별성은 경험이라는 과정이 아니라 경험의 결과물인 지원자의 생각, 철학, 열정, 역량이 남과 다르다는 인식을 주는 자기소개서이다. 다른 사람의 것을 복사(copy)하거나, 어디서 본 듯한 내용을 작성하는 것은 안 된다.

셋째, 출제의도에 맞는 자기소개서

작성해야 할 각 항목의 출제의도를 정확히 이해한 후 해당 기업체에서 요구하는 내용에 적격한 나의 이야기로 작성된 자기소개서라야 한다.

넷째, 설득력 있는 자기소개서

읽는 사람으로 하여금 지원자가 작성한 내용에 대해여 공감하고, 신뢰할 수 있도록 표현하여야 한다. 따라서 구체적으로 작성하여야 하며 과장은 금지다.

다섯째, 간결한 자기소개서

간결함이란 자신이 전달하려는 내용의 핵심만을 군더더기없이 정확하게 전달하는 것으로 무분별한 부사, 형용사, 접속사는 최소화한다.

여섯째, 재미있는 자기소개서

재미는 읽는 사람의 호기심을 자극할 수 있다. 남들과 다른 이야기나 생각을 쉽게 전달할 수 있어야 한다.

출처: https://brunch.co.kr/@hklim/11

 사례 1 – ㈜제주항공 자기소개서 작성사례

2018 하반기 신입 ㈜제주항공

- **제주항공에 지원하게 된 동기와 귀하께서 제주항공에 적합하다고 생각되는 이유를 기술해 주십시오.* [100자 이상 1,000자 이내]**

저는 항공뉴스를 보던 중 'LCC 업계, 제주항공 독주체제로 재편되나'라는 제목의 기사를 읽었습니다. 이는 제주항공이 대한민국 LCC 중 1위 기업이라는 영광스러운 자리에 올라 성공하는 기업의 모습을 보여준 기사였습니다. 저는 그 비결은 무엇일까 생각을 해보았습니다. 승객들이 제주항공을 찾는 가장 큰 이유는 1위의 자리에 있지만 국내선 화물사업 확장과, 새로운 노선을 제공하는 등 도전하고 있는 모습을 보여주고 합리적인 가격으로 안전한 운항을 제공한다는 점에서 고객들이 '신뢰'를 갖기 때문이라고 생각합니다.

제가 제주항공에 적합한 이유 또한 '신뢰'입니다. 2010년 고등학교 2학년 때 제주도로 수학여행을 가게 되었습니다. 반별로 다른 항공사를 이용하였는데 저는 제주항공 항공기에 탑승했습니다. 당시에 태풍이 심하게 불고 항공기가 착륙 복행을 3~4번 시도하는 상황이었음에도 승무원들은 승객들에게 이 상황을 차분하게 설명했습니다. 저는 이러한 급박한 상황 속에서도 승객들의 안전을 책임지는 항공인의 모습을 보고 항공인의 꿈을 키우게 되었습니다. 수학여행 이후 항공의 안전을 책임지는 직업에 대해 알아보게 되었고, 운항관리사라는 직업을 알게 되어 한서대학교 항공교통학과에 진학하게 되었습니다.

이러한 제주항공의 안전운항은 제가 제주항공을 신뢰하게 된 좋은 원동력이 되었으며, 제주항공의 일원이 되어 승객들에게 안전과 신뢰라는 약속을 지켜주고 싶습니다.

저는 다른 사람과의 약속이나 아르바이트에 최소 10분에서 20분 전에 도착합니다. 짧은 시간의 지각도 상대방의 신뢰를 잃게 할 수 있다는 것을 교대근무를 했던 경험으로 알고 있기 때문입니다. 가까운 지인과의 약속도 지키지 못하는 사람은 회사 생활을 위한 시간약속도 못 지킬 것입니다. 가장 기본적인 약속부터 지킬 줄 아는 제가 이제 승객과의 약속인 정시성을 확실하게 보장할 수 있도록 연구할 것이며, 가장 중요한 안전을 보장하여 제주항공을 가장 믿을 수 있는 항공사로 만들겠습니다.

- **해당 직무에 지원하게 된 동기와 해당 직무를 수행하기 위한 본인의 차별화된 강점을 기술해 주십시오.* [100자 이상 1,000자 이내]**

3학년 겨울방학 때 운항관리 현장실습을 통하여 제가 목표하던 운항관리사가 저의 적성에 잘 맞는다고 느끼게 되었습니다. 책으로 배울 때는 무미건조해 보였던 운항관리업무가 실제로는 운항통제실에서 서로 알게 된 정보를 전달하고 다른 사람들과 소통하면서 업무 수행을 한다는 사실이 큰 매력으로 다가왔기 때문입니다.

항공교통학을 전공한 저는 비전공자들보다 항공분야에 더 넓은 지식과 안목이 있다는 강점이 있습니다. 1학년 때 학과 교수님과 상담을 했을 때 할 수 있는 최대한 많은 것을 하라는 조언을 듣고 나서 제가 목표한 것을 성취하기 위해 포기하지 않았습니다. 그 결과 성적우수 장학금을 받을 수 있었고, 운항관리사와 관제사 면장을 모두 취득했습니다.

저는 다른 사람과의 팀워크가 필요한 업무에서 더 적응을 잘할 수 있다는 강점이 있습니다. 공군 기동타격대에서 복무할 때 31명의 소대원과 파견근무자들을 포함하여 근무마다 11명씩 근무를 했습니다. 계급별 하는 일이 달랐기 때문에 경험이 쌓일수록 선임들의 업무를 효율적으로 도울 수 있었고, 후임들이 하기 버거운 일들을 같이 돕다 보니 업무적 교류에 대한 경험이 많아졌습니다. 그리고 학과 학생회에서 대외부장으로써 농활을 기획, 실행하고 학과 홈페이지 관리 등을 할 때 학생회 임원들과 관련 전문가의 도움을 통해 문제해결을 해왔기 때문에 팀워크가 필요한 업무에서 제 역할을 확실히 파악하여 업무에 중요한 역할을 할 수 있습니다.

또 다른 강점으로 저는 교대근무의 경험이 있어서 다른 사람보다 수면을 조절할 수 있는 노하우가 있습니다. 새벽에 근무할 때 출근 전 미리 몇 시간을 자는 게 도움이 된다는 사실은 누구나 알고 있을 것입니다. 하지만 실제로 2년간 몸으로 경험해본 제가 교대근무를 경험해보지 않은 다른 사람들보다 더 빠르게 적응할 수 있기 때문에 새벽 근무에 적응하기 쉽고 스트레스 관리가 쉬울 것입니다.

- **본인 성격의 장단점을 기술해주십시오.* [100자 이상 1,000자 이내]**

제 성격의 장점은 책임감입니다. 저의 아버지는 직업 특성상 출장이 잦았기 때문에 "아빠가 없으면 네가 우리 집의 가장이고 기둥이다. 엄마와 동생을 지켜라"라고 말씀을 많이 해주셨고 자연스럽게 책임감이 커졌습니다.

올해 초부터 토익학원에 다니고 싶어 돈을 모으기 위해 동네 학원에서 아르바이트했습니다. 제가 맡은 업무는 동영상강의를 보고 공부하는 중학교 2, 3학년들의 질문을 받고, 틀린 내용에 관해 설명을 해주는 것이었습니다. 처음에는 내가 잘할 수 있을까라는 생각이 들었지만 새로운 도전을 하게 되었고, 제가 맡은 아이들이 학원에서 시간만 보내고 가게 할 수 없었던 저는 학원 수업시간의 2시간 전부터 아이마다 풀어야하는 수학문제를 미리 풀어보았고, 프린트를 출력하여 제시간에 나눠주기 위해 출근 시간 30분 전에 도착해 수업준비를 하였습니다. 제가 수업을 담당하기 전엔 질문하는 것을 부끄러워하던 아이들은 제가 동네 형처럼 편하게 대해주고, 이해하기 쉽게 설명해주었기 때문에 어려운 문제를 스스로 해결하지 못했을 때 스스럼없이 질문하게 되었고, 그 결과 제 강의실에서 수업을 듣던 아이들의 점수가 눈에 띄게 올라갔습니다. 학원에 출근해서 동영상 강의를 보고 알아서 공부하라고 할 수도 있었지만 책임감을 느끼고 업무에 임했기 때문에 반년 동안의 아르바이트에도 저는 보람을 느낄 수 있었습니다.

제가 맡은 업무에 최선을 다하도록 저를 채찍질해주는 책임감이 저의 장점입니다.

저의 단점은 다른 사람의 부탁을 쉽사리 거절하지 못한다는 점입니다.

제 성격 때문에 저는 제가 할 일이 있음에도 다른 사람의 일을 먼저 했던 적도 있고, 저를 속이고 일을 떠넘기던 사람까지 있었습니다.

제 답답한 성격을 고치기 위해서 저는 거절하는 법을 배웠습니다. 제가 해야 하는 일과 상대방이 부탁하는 일 중 더 급한 일에 우선순위를 두고 부탁을 들어주기 힘든 상황에서 거절했습니다. 제 상황을 설명하고 거절하니 상대방도 수긍하고 저도 제 일에만 집중할 수 있게 되었습니다.

- **본인의 최근 5년 성취경험 중, 제주항공의 핵심가치를 발휘한 사례를 찾아 구체적으로 기술해 주십시오.** (안전/팀워크/도전/저비용/신뢰 중 택1)* [100자 이상 1,000자 이내]

도전이 없으면 성공도 없다. 몇 년 전까지만 해도 제가 이해할 수 없는 구절이었습니다. 가만히 있으면 절반이라도 간다라는 말을 더 신뢰하고 따랐기 때문입니다.

이런 제 생각이 바뀌기 시작한 것은 입대 이후였습니다. 저의 미숙함으로 무언가를 시도하는 것은 문제를 발생시키고, 하지 않는 것보다 못하다는 생각에 저는 군대에서 운전을 배우고 싶지 않았습니다. 하지만 운전병이 모자라는 소대 상황에서 운전면허가 있는 사람은 반드시 운전업무까지 해야만 했었고, 선임들에게 운전을 배우기 시작했습니다. 처음에는 긴장 때문에 실수도 자주 하고 자신감도 많이 떨어졌지만, 처음부터 잘할 수 있는 사람은 없고, 익숙해지면 괜찮아질 거라는 선임의 격려에 꾸준히 연습하고 도전했습니다.

결과적으로 운전에 익숙해지니 자신감이 붙게 되었고 저는 사고 한 번 없이 무사히 전역할 수 있었습니다. 이 경험을 통해 저는 선임의 말대로 처음부터 잘할 수 있는 사람은 없으며, 경험해보지 않았더라도 새로운 도전을 마주하고 이겨낸다면 무엇이라도 할 수 있다는 생각을 하게 되었습니다.

제가 3학년 때 학회장 선배가 학생회 일을 같이 맡아서 해보자는 제안을 했습니다. 사람들 앞에 나서는 것을 두려워하던 저는 처음에는 거절하고 싶었지만 계속해서 사람들이 많은 자리에 나가는 것을 회피하기만 한다면 앞으로도 나아질 수 없다는 생각이 들어 임원 투표에 참여했고, 직책을 맡았습니다.

학생회 생활과 봉사활동의 기획 및 기타 업무를 해 보면서 평소에 관심을 두지 않았던 단체 활동에서의 금전적인 어려움이나 행사의 계획과 실행이 얼마나 어려운지 그리고 어떻게 해결해야 하는지에 대해 알게 되었습니다.

제가 도전을 하지 않았더라면 알지 못했을 경험을 한 이후 도전을 하지 않으면 경험도 없고 발전도 없다는 말을 정확하게 이해할 수 있었습니다.

앞으로도 저는 도전을 회피하지 않을 것이고 두려운 만큼 철저히 준비하여 성공할 것입니다.

- **지원한 직무에서** (업무를 성공적으로 수행하기 위한) **가장 중요한 역량은 무엇이라 생각하는가? ***
  [100자 이상 1,000자 이내]

운항관리 업무에서 가장 중요한 역량은 운항관리사의 빠르고 정확한 상황 대처를 위한 준비성입니다.

대학교 1학년 때 교양수업에서 처음 PPT 발표를 하게 되었습니다. 따로 연습하지 않아도 발표 자료를 보여주고 사람들 앞에서 아는 것을 설명하면 되는 줄 알았던 저는 제대로 발표를 준비하지 않았고 긴장 때문에 얼어서 준비한 내용에 대해 횡설수설하여 발표를 망치게 되었습니다.

저의 문제를 극복하기 위해 미리 할 말을 준비해서 전화로 판촉행사를 해야 하는 케이블TV 회사에서 아르바이트를 시작했습니다.

처음에는 회사에서 나눠준 종이만 외워서 고객들에게 판매를 시도했지만, 많이 판매할 수 없었습니다. 그래서 저의 문제가 무엇인가에 대해 생각을 해봤고, 옆자리 누나에게 노하우를 물어보았습니다. 판매해야 하는 상품을 정확하게 이해하고 좋은 점을 권유해야만 상품이 팔리고, 소비자도 믿음을 갖는다는 누나의 말에 회사에서 알려준 멘트가 아닌 상품에 대해 연구를 해서 따로 준비한 저만의 멘트를 이용해서 전화판매를 다시 시작하였고, 판매량을 늘릴 수 있었습니다.

이 경험을 통해 저는 철저하게 준비하지 않으면 일을 망치고 원하는 결과가 나오지 않을 수 있다는 것을 깨달았기 때문에 사소한 것 하나까지 철저하게 준비하는 습관을 길렀습니다.

준비하지 않으면 대처할 수 없고, 대처할 수 없으면 사고가 발생합니다. 운항관리 업무는 전화 판매 행사와는 달리 승객의 생명과 재산을 보호해야 한다는 거대한 책임을 갖는 일이고, 항공기의 안전을 보장하기 위해서 다른 동료들과 정보교환을 하며 유기적, 조직적인 업무 수행이 필요한 일입니다. 한 사람의 작은 실수가 다른 팀원에게 큰 혼란을 빚을 수 있고, 그 결과 큰 사고로 이어질 수 있으므로 자신의 업무에 대해 즉각적인 상황 대처를 위한 매뉴얼의 확실한 숙지와 지속적인 공부를 통해 사고를 예방 할 수 있는 준비성이 제가 생각하는 운항관리사에게 가장 필요한 역량입니다.

출처: 잡코리아 자소서 작성하기 http://www.jobkorea.co.kr

사례 2 – ㈜제주항공 자기소개서 작성사례

2018 하반기 신입 ㈜호텔신라

- **자기소개사항**

  "다양한 아르바이트 경험으로 준비하다"

  다양한 아르바이트를 통해 경험의 폭을 넓히며 준비된 신입사원으로 되기 위한 저의 과정을 소개하겠습니다.

  첫 번째로, OO백화점, O마트에서 영업 아르바이트와 서울 OO 운영요원과 OO 지역 대회 운영요원 아르바이트를 통해서 의사전달 능력을 터득하고 있습니다. 두 번째는 학기 중 OO에서 사무보조 아르바이트를 8개월 동안 하며 효율적으로 문서 관리 방법을 터득했습니다. 세 번째는 OO에서 영업지원 아르바이트를 통해 영업관리, 매출 및 재고관리 업무를 통해 OA 능력을 발전시켰습니다.

  마지막으로 작년 5월 OO 산하기관인 OO기술진흥원에서 대한민국 명장 심사행정위원으로 활동하며 검증력과 문제 해결능력을 인정받았습니다.

- **장점**(200자 이내)

  꼼꼼함을 통해 성과로 증명하는 노력의 가치

  저의 생활신조는 "효율적으로 살아가자"이며 저의 장점인 꼼꼼함과 유연한 커뮤니케이션 능력을 통해 조금이라도 효율성이 높은 방법을 제시하기 위해 수많은 노력을 하고, 많은 성과를 이루었습니다. 또한, 평상시 메모하는 습관을 통해 얻은 꼼꼼함으로 좋은 점과 나쁜 점을 걸러내는 검증력과 분석하는 능력을 갖췄습니다.

- **보완점**(200자 이내)

  과도하게 꼼꼼하다.

  반면 저의 단점으로는 과도한 꼼꼼함으로 계획한 것이 조금이라도 어긋날 때 저 스스로 신경을 많이 쓰다 보니 스트레스로 돌아오는 점입니다. 하지만 이러한 스트레스를 해소하기 위해 취미 생활인 스크린 야구, 볼링을 통해 스트레스를 관리하고 있습니다.

- **지원동기 및 포부**(500자 이내)

면세업계의 1위로 이끌어 보겠습니다.

제가 지원한 영업점 회계 직무는 영업점 매출관리 및 정산관리가 주 업무이기 때문에 꼼꼼함과 분석능력이 필수라고 생각합니다. 직무 역량을 쌓기 위해 OO백화점에서 영업과 매출 관리를 배웠습니다. 또한, OO 영업지원 아르바이트를 통해서 프로그램을 통한 정산관리 업무를 배울 수 있었습니다. 저만의 강점인 꼼꼼함과 아르바이트를 통한 직무 역량을 터득한 경험을 삼성 호텔신라 TR 부문 영업점 회계 직무와 융합하여 국내를 넘어 세계 면세점 1위 달성이라는 꿈을 향해 이바지하는 구성원이 되겠습니다.

직원에서 플로어 매니저로 성장하다.

입사 후 신라면세점을 대표하는 플로어 매니저가 되어 각각의 영업점 매출을 관리하고 한 층의 정산 관리를 하며 수익성에 따른 관리방식을 변화하려는 노력을 보일 것입니다.

출처: 잡코리아 자소서 작성하기 http://www.jobkorea.co.kr

사례 3 – 한화호텔&리조트 – 기획·전략·경영부문 자기소개서 샘플

2017 하반기 신입 한화호텔앤드리조트(주)

지원회사를 선택함에 있어 본인이 가장 중요하게 생각하는 두 가지에 대해 기술하고 이를 바탕으로 한화호텔앤드리조트/FC에 입사하고 싶은 이유에 대해 설명해 주십시오.

제가 회사를 선택하는 기준은 실력과 가치입니다. 먼저 실력은 해당 분야에서 최고의 제품과 서비스를 제공할 수 있는지에 관한 것입니다. 한화호텔앤드리조트는 서비스, 레저 분야에서 시장을 선도하며 까다로운 국내외 소비자의 지지를 기반으로 성장해왔습니다. 실력보다 중요하다고 생각하는 것이 가치입니다. 진정성은 우수한 제품 전달에 머무는 단계를 넘어 고객에게 감동을 주고 고객의 삶의 질을 높이기 위해 연구하는지에 관한 것입니다. 한화는 한화봉사단 운영 등 함께 미래로 향해 가려는 노력을 통해 진정성 역시 인정받고 있습니다.

제가 가장 중시하는 고객 최우선이라는 가치를 실천하는 한화와 함께 국내를 넘어 전 세계에 올바른 문화와 가치의 소중함을 전하는 한화의 미래를 위해 도전하고 싶다는 의지를 갖게 되었습니다. 대외활동과 인턴을 통해 고객과 소통하는 것의 중요성을 체감했던 것을 바탕으로 한화에서 발로 뛰며 가치를 창출하겠습니다.

본인이 지원한 직무를 수행하기 위해 준비한 지식이나 스킬, 경험 등에 대해 기술하고, 향후 구체적으로 어느 분야에서의 전문가로 성장하고자 하는지에 대해 설명해 주십시오.

제 인생 목표는 저와 제 주변을 풍성하게 채우는 것입니다. 소중한 사람들에게 최적의 상품과 서비스를 선별해 최고의 만족을 느끼도록 하는 것에 보람을 느꼈고, 특히 일상생활에 관여하는 생활문화산업에 관한 관심으로 업무를 직접 배우고자 슈퍼일에 도전했고, 영업인으로서의 기초를 닦았습니다.

먼저, 현장에서 매장과 상품을 익혔고 경쟁사를 주기적으로 방문하며 보완점을 분석해 리포트를 작성하기도 했습니다.

또한, 사원분들과 따뜻한 인사와 대화를 통해 진심으로 소통하며 불편사항을 취합하여 매니저님께 보고하였습니다. 한화인으로서 지속적인 성장을 위해 고객과 영업장의 관점에서 고민하며 해답을 찾아가려는 노력이 무엇보다 중요하다고 생각합니다. 한화호텔앤드리조트와 함께 외식사업 전문가로서 성장할 때 유관 부서와 소통하고 관련 지식을 갖추는 전문성뿐만 아니라 고객과 동료에게

신뢰감을 주는 진정성 역시 놓치지 않겠습니다.

최근 본인이 이룬 성과 가운데 가장 열정을 다해 노력했던 경험에 대해 그 과정 및 결과가 어떠하였는지 구체적으로 설명해 주십시오.

슈퍼에서 영업관리 인턴으로 근무하며 채소를 찾는 고객들을 대상으로 맞춤형 서비스를 구성하여 매출 목표를 1.5배 달성하는 쾌거를 거두었습니다. 저는 먼저 설문을 통해 요구사항들을 적극적으로 반영하는 것부터 시작했습니다. 고객들은 다양한 채소 중 신선한 채소를 고르는 것이 어렵다고 응답했습니다.

매장에서 만난 고객의 니즈를 충족시키겠다는 목표를 잡고 쉽고 재미있는 서비스로 성과를 내기 위해 아이디어를 구상했습니다.

저는 매장 신선한 채소를 강조하는 POP를 설치해 시선을 사로잡았습니다. 다음으로 채소를 재배치하고 영양성분 정보와 응용 레시피까지 제공하는 서비스를 기획했습니다.

이후 고객들로부터 쇼핑하기 편리하고 재미있어졌다는 피드백을 받으며 고객 관점에서 고민하는 것의 중요성을 깨달았고 그 어느 때보다 성취감을 느꼈습니다. 한화인으로서 고객 관점에서 고민하며 적극적으로 고객의 니즈를 파악하고 공감하며 이를 실현하기 위해 모든 역량을 집중하겠습니다.

자신의 삶에 있어서 '食문화'가 가지는 의미에 대해 기술하고, 식문화를 통해 누군가와 잊을 수 없는 특별한 추억을 만들었던 경험에 대해 소개해 주십시오.

저에게 식문화는 '함께 걷기'라는 의미를 지닙니다. 체력적으로 고되었던 유통 경험이었지만 힘을 낼 수 있었던 원동력은 어머님 또래의 사원님들과 함께하는 30분의 짧은 식사였습니다. 고생한다며 서로 위로하고 맛있는 반찬을 더 얹어주시는 사원님들과의 식사가 저에겐 이를 악물 수 있는 따뜻한 관심으로 다가왔습니다. 정해진 목표를 향해 같이 걸어가는 동료들과 나누는 식사는 그 맛과 분위기에 힘을 얻을 수 있고 삶을 다양한 풍미로 채운다는 점에서 가치 있다고 느낍니다.

한화호텔앤드리조트 영업기획 직무는 그 특성상 현장에서 매출이 발생하고 가치가 창출되기 때문에 현장의 중요성이 매우 높다고 생각합니다. 한화의 일원으로서 업무를 수행할 때 협력이라는 가치를 중심에 두며 한화의 지속적인 성장을 위해 다양한 이해관계자의 관점에서 고민하고 협력하는 영업기획인이 되겠습니다.

출처: 잡코리아 자소서 작성하기 http://www.jobkorea.co.kr

사례 4 – 한국공항공사 사무·총무·법무 부문 자기소개서 샘플

2018 상반기 신입 한국공항공사

금전적 보수를 받고 일정기간 동안 일했던 이력이나 직업 외적인 활동으로 산학 활동, 팀 프로젝트 활동, 연구회 활동, 동아리·동호회 활동, 온라인 커뮤니티 활동, 재능기부 활동 등이 포함될 수 있습니다. 본인이 지원한 분야의 직무와 관련하여, 경험에 대한 본인의 담당직무, 역할 및 구체적 행동, 주요 성과에 대해 작성하세요.

인턴 당시, 취업 설명회를 준비하며 행사에 배부될 홍보물을 제작했습니다. 구성에 대한 가이드라인이 없었기에 수시로 대리님께 의견을 여쭙고 조언을 얻었습니다. 설명회에 참석하는 사람들에게 실질적인 도움이 될 수 있는 자료를 만들고 싶었고, 이러한 의견에 지지를 얻어 홍보물의 기획을 시작했습니다. 구직자들에게 필요한 직종, 평균연봉, 취업현황 등의 카테고리로 세분화하여 내용을 구성했고 방향성을 확인하기 위해 행사를 총괄하는 과장님께도 조언을 구했습니다. 정보의 구체성을 위해 현직자들의 인터뷰도 포함하면 좋을 것 같다는 피드백을 통해 현직 인터뷰 섹션도 새롭게 추가할 수 있었습니다. 기획을 마친 이후에는 팀의 디자이너에게 홍보물의 디자인을 요청하여 총 24개의 홍보물을 완성했습니다.

본인이 알고 있는 한국공항공사에 관한 내용(국내외 환경변화, 조직특성, 추진업무 등)**은 무엇이며 그 정보를 어떻게 얻게 되었는지 기술해 주시기 바랍니다. 또한 그중 어떠한 면에 이끌려 우리 공사에 지원하게 되었는지 기술하여 주시기 바랍니다.**

여행의 출발점인 공항은 언제나 설렘을 주는 공간이었습니다. 그러한 설렘으로 자연스레 공항에 대한 관심이 높아졌고, 뉴스 키워드를 지정하여 '한국공항공사'에 관련된 기사들을 이메일로 받아보고 있습니다. 한국공항공사는 현재 이용객의 편의성 향상을 위해 청주국제공항 국내선 여객터미널을 확장하고 있습니다. 지난해 239만명이 공항을 이용하면서 적정 수용 능력을 초과하였기에, 이러한 혼잡성을 줄여 고객의 불편함을 해소하려는 것입니다. 또한, 소음대책 지역 골목길 환경개선 사업을 통해 시민사회에서도 기업의 책임을 다하고 있습니다. 고객을 최우선순위로 고려하는 한국공항공사의 고객지향적 태도와 공동체의 발전에도 함께 힘쓰는 모습은 보람의 가치를 가장 중시하

는 저의 가치관과 가장 부합하기에 지원하게 되었습니다.

우리 공사 인재상에 맞는 직원이 되기 위해 당신은 어떤 면에서 준비가 되어 있으며, 최근 3년 이내에 해당 능력을 개발하기 위해 어떠한 노력을 하였는지 구체적인 사례로 기술해 주시기 바랍니다.

다양한 대외활동을 통해 타인을 배려하고 협력할 수 있는 의사소통역량을 쌓을 수 있었습니다. 먼저, 1년간 연합 발표 동아리의 운영진으로 활동했습니다. 매번 회의를 통해 동아리의 안건과 이슈를 해결하였고 연합 발표 대회를 준비하며 타 동아리와 한 달간 협업을 진행했습니다. 이를 통해 의견을 조율하고 타인의 생각을 존중하는 소통역량을 기를 수 있었습니다. 또한, 각자 다른 전공을 가진 친구들을 모아 호텔 객실 공모전에 참가하였습니다. 하나의 목표를 위해 매번 토의하였고 이견이 있을 때는 상대방의 의견을 먼저 경청하며 최적의 해결방안을 도출하기 위해 노력했습니다. 이러한 노력으로 객실 패키지 우수상을 받았습니다. 이외에도 기업 홍보활동, 외국인 유학생 문화 체험 프로그램 등을 기획하며 바른 소통자세를 익혔습니다.

출처: 잡코리아 ○○○ ○○○기 http://www.jobkorea.co.kr

사례 4 – 한국공항공사 사무·총무·법무 부문 자기소개서 샘플

Cover letter

Thank you for giving me an opportunity to introduce myself. My name is OOO. I'm from Korea.

In university , I had experience in working in a OO RESORT. And I went to China as an exchange student for 1 years. Then I went to OO, OO. Also I did a volunteer work for the elderly . my greatest strength is friendly. when I did volunteer , I got so much compliments about my friendly attitude . It was impressive. so I'm friendly to everyone .

I have wanted to be a cabin crew since I was teenager. To be cabin crew might be my dream. However, as I prepared for the interview, i've realized that it's not all about being dream. cabin crew needs to communicate and interact with customers prior to experience that school life's sincerity and friendly for everyone. So my positive attitude and energy are perfect for the job. I want to get an opportunity to interact with diverse people. And I like to work many people with different backgrounds and cultures.

And then, I have studied in-flight service management at the OO university.

The spaciality of my major is that students study in-flight service for 4 years and prepare for being a flight attendant my classmates and I should wear the uniform and groom ourselves including make-up and hair styling like a real flight attendant while we are in school. The professors make us keep in mind that we are the pre-flight attendants.

Thank you.

출처: 잡코리아 자소서 작성하기 http://www.jobkorea.co.kr

2018 하반기 신입 이스타항공㈜

성장과정

고객 지향 마인드를 갖춘 서비스정신

영화관에서 아르바이트로 근무하면서, 이달의 우수직원상은 꼭 받고 싶은 타이틀이었습니다. 그래서 저는 무엇이 고객을 위하는 것이고, 종업원으로서 지금 '나에게 필요한 것은 무엇인가?'에 대하여 고민하게 되었습니다.

'서비스 분야는 고객과 함께 만나는 순간이 가장 중요한 부분이다.'라는 전공 교수님의 말씀을 기억하면서, 고객을 응대할 때 진정성을 갖춘 서비스 제공만이 짧은 찰나의 순간에 고객의 마음을 사로잡을 수 있다고 생각했습니다. '내가 고객이라면'이라는 고객 지향 마인드를 가지고 근무하면서 저는 직원들과 고객들 사이에서 인정받는 존재가 되었고, 그 결과 이달의 우수직원상을 받을 수 있었습니다.

우수직원상을 받기 위해 시작했던 아르바이트 경험은 기업의 종업원으로서 고객 지향 마인드가 얼마나 중요한지를 알게 해주었습니다. 위 경험을 통해 영업 직무에서 거래처가 무엇을 원하는 지늘 고민하면서 회사와 함께 발전하는 직원이 되겠습니다.

성격의 장단점

장점: 빠른 상황판단과 적응력

경영이라는 전공 특성상 항상 조별 과제가 있었습니다. 매 과제마다 저의 역할을 빠르게 정했습니다. 팀장의 역할이 필요한 곳에서는 적극적으로 조별 과제를 이끌어가고, 발표자가 필요한 조에서는 발표자로 나섰습니다. 그러면서 새로운 환경과 조직에서도 누구보다 빠르게 적응할 수 있었습니다.

다양한 거래처를 관리하는 영업 직무에서 상황에 따른 적응력을 큰 장점으로 활용해서 이스타항공의 수익을 높일 수 있는 영업 원이 되겠습니다.

단점: 때때로 지나친 의욕

대학 입학 후에 성인으로서 스스로 생활비를 벌자는 의욕으로 학업과 아르바이트를 병행했습니다.

평일,주말을 가리지 않고 2~3개에 이르는 일을 하면서, 당장 눈앞의 생활비는 여유로웠지만, 학생의 본분인 학점 관리에 소홀해졌다가 후회하면서 계획적인 삶을 살려고 노력했습니다. 이스타항공의 구성원으로서 당장 눈앞의 이익보다 미래의 더 큰 성과를 내도록 할 것입니다.

지원동기

소비자가 원하는 항공사 이스타항공

최근 여행 시장이 급격하게 변화하고 있습니다. 인터넷을 통한 여행 검색시장이 시장의 중심이 되어가고 있고, 그에 따라서 업체 간의 경쟁속도가 매우 빨라지고 있습니다. 그에 따라서 소비자들의 접근성이 높아지고 선택이 비교적 자유로워졌습니다. 결국, 기업의 성패는 이러한 소비자들의 마음을 사로잡는 방법에 달려있다고 생각합니다.

이스타항공은 설립 이후 거품을 뺀 가격을 통해 항공여행의 대중화를 이끌어온 항공사입니다. 저 역시도 오사카를 여행하면서 직접 서비스를 받아보면서 훌륭한 품질의 서비스를 제공하는 항공사라는 인식을 가지게 되었습니다. 또한 다양한 기내 프로그램 및 이벤트를 통해서 규모에 비해 알찬 서비스를 제공하는 항공사로 거듭나고 있는 점에 매력을 느꼈습니다.

가격만 싼 것이 아니라 최고의 가성비를 추구하는 이스타항공에서 전공에서 배운 지식과 다양한 경험을 통한 저의 역량이 최고의 시너지를 낼 수 있다고 판단해서 지원했습니다.

입사 후 포부

입사 초기에는 열정적인 인재로 일하고 싶습니다. 저는 현장의 전문가인 선배님들로부터 업무 노하우를 철저히 배우고 싶습니다. 작은 업무부터 성실히 수행하면서, 상사와 회사로부터 믿음과 신뢰를 받는 사원이 될 것입니다. 그리고 어떤 노선이 요새 시장에서 인기가 있으며, 어떠한 프로모션을 만들어야하는지를 고민하는 영업 사원이 되겠습니다.

입사 3년차에는 매사에 솔선수범하고, 회사를 위하는 조직 융화형 인재가 될 것입니다. 현장의 방문판매 사원분들과 끊임없는 소통을 하면서 신뢰를 구축하고 싶습니다. 또한 후배들의 모범이 되면서, 회사가 톱니바퀴처럼 잘 굴러 갈 수 있도록 하는 윤활유 역할을 하고 싶습니다.

입사 5년차에는 다재 다능한 인재로, 직무의 지식과 현장의 경험을 통해 다양한 지역을 담당하는 영업인재로 성장하고 싶습니다.

입사 10년 이후에는 회사의 중견 관리자로서 미래에 대한 고민도 함께 하고 싶습니다. 항공시장의 미래를 생각하면서 회사가 어떻게 발전해 나갈지 고민하고 싶습니다.

세부 경력사항

준비된 여객 영업인

많은 세일즈 업무 속에서도 항공 세일즈 전략 및 기획을 한다는 점에서 흥미를 느껴서 지원하게 되었습니다. 저는 많은 관광관련 전공수업의 프로젝트를 통해 항공업 전반의 지식을 습득할 수 있었습니다. 관광 전산 실무론을 통해 각종 항공예약발권 프로그램을 배우면서 직접 항공사의 업무를 체험해 볼 수 있었습니다. 항공업에 꾸준히 관심을 가져오면서 외국의 기업이나 국내 기업에 대한 소식을 신문을 통해 접했습니다.

또한 졸업과 동시에 OO그룹 여행사 OO 법인영업팀에서 근무하면서 여행산업에 대한 전반적인 느낌을 몸소 체험할 수 있었습니다. 항공 업무를 하는 점에 있어서 영문, 숫자 하나가 얼마나 중요한지를 느낄 수 있었습니다. 또한 직접 신규 거래처 판촉 및 기존 거래처 관리가 생명인 영업직을 경험하면서 거래처의 관계가 얼마나 중요한지를 알게 되었습니다. 거래처가 지속적으로 우리 노선을 이용할 수 있도록 하는 영업사원이 되겠습니다.

사례 6 – ㈜대한항공 여행·항공·숙박부문 자기소개서 샘플

2017 하반기 인턴 ㈜대한항공

객실승무원이 갖추어야 할 자질을 제시하고 본인이 이에 어떻게 부합하는지에 대해 구체적으로 기술하여 주시기 바랍니다.

객실 승무원이 갖추어야 할 첫 번째 자질은 '서비스 정신'입니다.

깔끔한 매너와 따뜻한 가슴으로 손님들에게 편안하고 안전한 객실 환경을 제공해야 할 책임이 있기 때문입니다.

저는 '서비스 정신'을 다양한 서비스업 현장에서 경험하며 성장해왔습니다. 골프 클럽 캐디 근무, 대학교 홍보대사, 세일즈마케팅 인턴 등을 통해 현장에서 많은 사람들을 만나며 남자들이 경험하기 힘든 서비스맨의 경험과 자세를 갖추게 되었습니다.

앞으로도 서비스 정신을 잃지 않는 객실승무원이 되겠습니다.

본인이 생각하는 최고의 서비스란 무엇인지와 그 이유를 설명하여 주시기 바랍니다.

제가 생각하는 최고의 서비스는 '서비스를 받는 입장에서 생각하는 것'입니다. 대학교 홍보대사로 활동하며 많은 사람들을 만났고, 그 가운데 신념이 더욱 뚜렷해졌습니다.

때는 학교에서 면접이 있는 날이었습니다. 저는 지하철역에 배치되어 학교 방문을 하는 학생들을 안내하는 임무를 받았습니다. 철수를 할 시간, 교복을 입은 여학생 하나가 개찰구를 헐레벌떡 통과해 나왔고 면접시간까지 불과 십분 밖에 남지 않았었습니다. 학생의 가방을 받아들고 지하철역 출구로 뛰어올라가며 셔틀버스를 타면 시간상 면접에 참여할 수 없기 때문에 요금이 얼마 나오지 않으니 택시를 타라고 택시를 잡아주었습니다.

며칠 뒤, 입학관리과로 한 통의 전화가 왔습니다. 딸이 타지에서 면접을 보러가면서 지하철을 잘못 타 늦게 도착했고, 면접에 참석치 못할 뻔했으나 택시까지 잡아주는 친절한 안내로 면접을 보았다며 거듭 감사의 인사의 말씀을 남기셨습니다. 제가 그 학생이었다면 푼돈을 아끼기보다 꼭 면접에 참여하고 싶었을 '역지사지'의 마음으로 임하였을 때, 그것이 상대방의 마음을 울리는 최고의 감동 서비스가 되었음을 깨닫게 되었습니다.

공동의 목표를 달성하기 위해 협업했던 경험과 그 과정에서 본인이 수행한 역할에 대하여 작성하여 주시기 바랍니다.

제가 맡았던 대학교 홍보대사는 매년 '졸업생 초청의 날' 행사를 가질 만큼 전통과 선후배 간의 끈끈함을 가진 조직입니다.

문제는 제 회장 재임 기간 제기된 새로운 방향의 행사 계획 수립이었습니다. 기존 전통을 지키자는 입장과, 변화를 시도하자는 의견이 필요 이상으로 대립하게 되었고, 제게는 결단이 필요하였습니다.

저는 모든 의견을 서면으로 받아, 종합하였습니다. 모두의 의견을 공지한 후, 전원 투표를 실시해, 모든 구성원들은 투표에 따르기로 합의하였습니다. 결과적으로 새로운 방식의 행사를 진행하게 되었고, 전통을 고수하던 홍보대사들에게도 일일이 좋은 의견을 제시해주어서 고맙고, 그 열정을 새로운 방식의 행사에 다시 쏟아보자고 다독였습니다.

졸업생, 재학생 모두가 어우러진 전에 없던 성공적인 행사로 마무리를 하였고, 현재까지 제 임기 때의 행사 방식이 전통으로 이어져 내려오고 있습니다.

강력한 리더십으로 구성원들을 리드했다면 더 빨리 갈 수는 있었겠지만, 경청과 화합으로 천천히 가는 길을 택하여 전에 없던 성공적인 행사 개최와, 구성원 모두의 적극적 참여를 이끌어낼 수 있다는 것을 배웠습니다.

출처: 잡코리아 자소서 작성하기 http://www.jobkorea.co.kr

(5) 자기소개서 STAR / PAR 기법으로 작성하기

1) STAR/ PAR 기법 활용하기

자기소개서 작성 요령은 두괄식으로 핵심 포인트를 넣은 뒤, STAR, PAR 기법을 활용하여 구체적인 사례 중심으로 작성하는 것이다. 즉, 두괄식으로 핵심 포인트를 첫 줄에 작성하고 그것을 증명할 수 있는 사례를 넣으면서 STAR/PAR 기법을 활용한다. 문제상황이 있었는데 나의 역할과 취한 행동이 무엇이었으며 결과 및 이를 통해 느낀점을 작성하는 것이다.(http://blog.naver.com/PostView.nhn?blogId=hrdr0315&logNo=221385462919)

여기에서 STAR 기법이란 Situation(상황), Task(역할과 과업), Action(행동), Result(결과, 느낀점)의 앞 글자를 말한다. 또한 PAR 기법이란 Problem(문제상황), Action(행동), Result(결과, 느낀 점)의 앞 글자를 말한다.

STAR기법을 간단히 풀어보면 다음과 같다.

① Situation(상황) : 어떠한 일을 하게 된 계기나 배경을 설명하며, 스토리를 시작하는 단계이다.

② Task(직무, 과제) : Situation에서 내가 어떤 일을 하게 된 계기를 설명한 후 그 다음에 그 일을 하던 중 내가 직면했던 과제나 이슈를 제시하는 단계이다. 특정 상황에서 당면해야 했던 과제의 난이도나 중요성을 함께 어필하는 것이 좋다.

③ Action(행동) : 과제를 해결하기 위해 본인이 취한 행동으로 그런 행동을, 즉 해결책을 선택한 이유와 선택의 기준 등을 제시한다. 해결책 실행의 특이한 부분이나 추진력을 발휘할 수 있었던 원동력 등을 녹여내 문제해결을 위해 얼마나 노력했는지를 보여주는 단계이다.

④ Result(결과) : 결과로 어떤 성과를 내었고, 어떤 결과를 도출해 냈는지, 이를 통해

내가 배운 것, 느낀 점 등을 설명한다.(https://blog.poohsiro.com/81) 서술형으로 작성하기보다는 구체적인 숫자를 언급하며 결과를 소개하고, 성공을 스스로 말하기보다는 읽는 사람이 성공이라고 느낄 수 있도록 하는데 주안점을 두고 작성한다.(https://post.naver.com/viewer/postView.nhn?memberNo=9520310&volumeNo=9990741)

뽑히는 자기소개서 핵심 구성

- 에피소드를 STAR기법으로 요약
- 에피소드를 통해 배운 점 어필
- 입사 후 활용방안 제시
- 두괄식 정리
- 소제목으로 강조

2) STAR 기법을 사용한 사례

STAR 기법 적용 사례

① 대학 2학년 축제기간 중 적극성을 키우기 위해 파인애플을 판매했습니다.➪ **S**

② 하지만 주변 5곳에서 수박과 멜론을 저렴하게 팔고 있어서 학생들의 관심을 끌기 어려웠습니다. 첫날 60개 중 10개밖에 팔지 못했습니다.➪ **T**

③ 판매율을 높이기 위해 새로운 아이디어를 생각했습니다. 당시 날씨가 매우 더워서 무더위를 날려버릴 만한 이색 파인애플을 만들기로 했습니다. 이른바 '좀비 파인애플'이었습니다. 파인애플과 젤리, 블랙 라즈베리 잼, 꽃 장식물을 모아 호러 영화에 나올법한 파인애플을 만들어 판매대 앞에 내 놓았습니다.➪ **A**

④ 지나가던 학생들이 좀비 파인애플을 보고 저희 부스로 몰려왔고, 그 결과 파인애플 50개를 2시간 만에 모두 팔았습니다. 그리고 20명으로부터 재주문을 받을 만큼 인기를 끌었습니다.➪ **R**

■ 에피소드를 통해 배운 점 어필

⑤ 이를 통해 경쟁이 치열할수록 프로모션에 심혈을 기울여야 한다는 것을 깨달았습니다.

■ 입사 후 활용방안 제시

⑥ 입사 후에 이 배움을 실천하겠습니다. A제품의 기술력과 내구성을 소비자에게 전달하기 위해 데이터베이스를 기반으로 다양한 마케팅 전략을 계획하고 실행하겠습니다.

■ 두괄식 정리

⑦ 프로모션은 마케팅의 승부처 중 하나라고 생각합니다. 대학축제 때 '좀비 파인애플'을 판매하면서 차별화된 프로모션 전략이 매출 증대에 영향을 미치는 것을 확인했습니다. **문장 맨 앞에** ......

■ 소제목으로 강조

⑧ 50명의 고객을 사로잡은 '좀비 파인애플'

출처: [자소서] 취업 합격할 수 밖에 없는 자기소개서 작성법!
https://www.youtube.com/watch?v=gFXTG0epEfc

3) 자기소개서 작성순서

① STEP-1 소제목 작성하기

신문기사처럼 항목마다 소제목을 활용하여 핵심 메시지 내용을 명확하게 전달한다. 인사담당자는 많은 자기소개서를 읽는다. 따라서 소제목으로 읽고 싶은 마음이 들도록 만들어야 한다. 소제목에는 '핵심 키워드를 활용한 효율화를 추구하는 요약적 표현'과 '궁금증을 유발하는 호기심에 근거한 우회적 표현'으로 어떤 소제목이 더 적절한가는 기업문화나 평가자에 따라 다르므로 지원하는 기업을 고려하여 선택해야 한다.

요약적 표현 / 우회적 표현 사례

- '진정성'을 기획에 담는 홍보인 / 손으로 쓴 3,000통의 편지

- 누구보다 바르게 배우는 에이스 / 1만 시간이 아닌 1천 시간의 법칙

- 6개월간 피부로 느낀 1등 홍보전략 / 180일의 여행이 선물한 깨달음

- 어떠한 난관에도 포기를 모르는 불도저 / 큰 행사를 성공으로 이끌었던 남다른 비결은?

② STEP-2 두괄식으로 작성

결론부터 이야기한다. 즉, 어필하고자 하는 지원자의 강점을 결론적으로 한 문장으로 요약 정리한다.

> **예** 2015년 **편의점에서 아르바이트를 할 때 고객들의 구매 패턴 및 항목을 분석하고 그 결과를 판매 전략에 반영하여 매출을 20% 향상시켰습니다.

③ STEP-3 자기만의 경험을 STAT/PAR 기법으로 작성

- Situation(상황)

- Task(직무, 과제)

- Action(행동)

- Result(결과)

④ STEP-4 회사에 기여할 점

지원하는 직무에 사례에서 언급한 역량을 활용하여 회사에 기여하겠다는 의지를 표현한다.

자기소개서 양식 샘플

자 기 소 개 서

작성일 : 년 월 일

지원 구분	신입/경력	지원부문		근무가능시기		지원자	

성장과정

성격 및 장단점

지원동기

입사 후 포부

⑤ 기타 요령

- 간결하고 강한 인상을 남겨라.(500자 이내의 경우 각 항목별 핵심역량은 1가지만 작성한다. 만약 1000자이면 핵심역량 키워드는 2~3개로 구분하여 작성한다)

- 정확한 정보에 기반하여 작성하라. 산재되어 있는 회사 정보의 상이한 부분이 많을 경우 최신에 정확한 정보를 활용한다. 예를 들면 매출, 인원, 지점 수, 고객 수 등이 이에 해당한다.

- 성의 있게 작성하라. 약어나 속어 사용은 지양하고 문법과 맞춤법에 따라 작성하며, 문장이 너무 짧으면 흐름이 끊기고, 너무 길면 어떤 내용인지 파악하기 어려우므로 한 문장은 평균 1~2줄로 작성한다. 또한 접속사는 최소화한다.

- 제가, 내가, 저의 등 주어는 되도록 생략한다. 인사담당자도 자기소개서가 지원자 얘기임을 다 알고 있다. 문단마다 제가, 저는 등의 주어가 들어가면 읽는 사람을 화나게 할 수도 있다.

- 자기소개서도 문서이다. 가독성을 생각하여 문단의 길이, 들여쓰기 등에 유의한다.(https://brunch.co.kr/@hklim/11)

04 **외국어 자기소개서**

(1) 영문 자기소개서

1) 영문 자기소개서 핵심 구성

영문 자기소개서는 대략 세 가지 형식으로 분류할 수 있는데 시간적 서술, 기능적 서술, 그리고 조합형이 있다. 시간적 서술은 자신의 교육이나 경력 등을 시간적

순서로 나열하는 것으로 이해가 쉽고 일관성 있는 경력을 드러내기 좋은 반면 특기를 강조하지 못한다는 단점이 있으며, 기능적 서술은 시간에 상관없이 자신이 종사한 분야별로 나열하는 것으로 해외유학 등의 경우보다는 특수기능직에 알맞은 양식이다.

마지막으로 조합형은 말 그대로 두 가지를 조합한 것으로 사건을 시간 순으로 나열하면서 각 시간에 있었던 일을 기능적으로 서술하는 방식으로 시간적 서술형과 기능적 서술형의 장점을 살릴 수 있는 반면 내용이 길어질 수 있다는 단점이 있다.

영문 자기소개서 작성 시 나이, 성별, 결혼상태, 가족관계, 종교, 정치적 성향, 키, 몸무게 따위는 상대회사에서 특별히 요구하지 않은 이상 쓸 필요가 없다.

짧은 시간 안에 자기소개서가 이를 읽는 사람으로 하여금 눈과 마음을 통해 선택되고 읽혀질 수 있도록 명확하고 매력 있게 작성되어야 하며 미리 자신의 자기소개서에 써야 할 기본사항들을 미리 생각해두어 적어두면 도움이 된다. 이때 연대 순이나 기능적인 면은 목적하는 바대로 또는 이들을 조합하여 적절한 형태로 양식을 선택하는 것이 좋다.

2) 영문 자기소개서 작성방법

① 주제는 '서두에'

우리는 글을 쓰는 데 있어서 여전히 '기승전결'의 틀에서 크게 벗어나지 못하고 있는 듯하다. 사건에 대한 암시로 시작해서 갈등과 복선이 나타나다가 클라이맥스에 도달하고 끝에 그 모든 것에 대한 결론이 나오면서 갈등이 해소되는 이 고전적인 글쓰기 방식은 시간이 아주 많았던 옛날에 삼국지를 읽던 독자들에게 혹은 주부들을 대상으로 한 TV드라마를 구성하는 데 적합한 방식일지는 모르나 짧은 시간에 상대의 주의를 환기시키기에는 좋은 방법이 아니다.

자기소개서의 글쓰기는 이보다 뉴스보도나 신문기사에 더 가까워야 한다. 뉴스를 편집할 때는 그날의 기사 중에서 가장 비중 있는 것을 맨 앞에 놓는다. 이른바 헤드라인(headline)이라고 한다. 자기소개서도 이와 같이 여러 가지 문단 중에서 가장 중요한 문단을 앞에 놓는 것이 좋다.

그리고 뉴스에서는 각 사건을 다룰 때 첫 마디, 첫 문장에서 사건의 개요를 우선 요약하고 설명은 뒤에 한다. 즉, 헤드라인으로 독자(면접관)의 주의를 끌고 그 헤드라인에 관한 내용을 바로 전달함으로써 짧은 시간 안에 자신의 의도가 바로 전달되도록 하는 것이 합격률을 높이는 데 도움이 된다.

② 증거와 예시

한글 자기소개서에는 주장과 결론만 앞서있고 증거와 예시가 생략되어 있는 경우가 많다. 이런 글은 한국어로는 그럴듯해 보이지만 영문으로 옮기면 바로 '이상한' 글이 되어버리는 경우가 많다.

또다시 드라마 예를 들자면, 드라마에서 배우들이 대사로 '슬프다'고 해서 관객들도 슬퍼지는 것은 아니다. 반대로 관객이 상황에 동감을 하게 한다면 배우가 '쥐어짜지' 않아도 관객은 감동을 받게 된다.

이렇게 상황에 동감을 하게 만드는 것이 바로 **'증거와 예시'**이다. 증거와 예시가 없는 글을 우리는 흔히 '주장'이라고 한다. 사람들은 누구의 주장을 듣는 것에 본능적인 반발을 느낀다. 주장을 하기보다는 증거와 예시를 통해 '증명'하는 것이 훨씬 큰 설득력을 갖게 된다.

특히 리더십이나 팀워크 등 증명이 애매하고 누구나 써먹을 법 직한 내용을 강조할 때일수록 증거와 예시는 큰 힘을 발휘한다. "저는 리더십이 좋습니다."라고 말하는 것은 큰 의미가 없지만 "저는 학창시절 ○○행사를 제안하여 재정적 어려움 속에서도 행사를 성공 적으로 완수했던 적이 있으며, 전 직장에서는 5명의 팀원들을 통솔하여 전년대비 5%의 성장을 이루어냈습니다."라고 예를 든다면 누구나 이 지원자는 리더십이 있다고 동조하게 될 것이다.

만약 증명할 수 없는 주장이 있다면 그것이 아무리 좋은 것이라도 주장하지 않는 것이 좋다.

③ 개인 신상은 최소화

한국인에 비하여 영미인들은 개인의 신상에 대한 관심이 덜하거나 아예 없으므로 가족관계, 성장배경 등 개인 신상부분은 영문 자기소개서에서는 최소화하는 것이 좋다. 물론 한국에서 영문이력서와 자기소개서를 판단하는 면접관들이 꼭 영미인일 리는 없지만 적어도 그 문화와 언어에 익숙한 사람들이 심사를 한다고 전제할 때 개인 신상부분도 그에 맞추는 것이 좋다고 판단된다.

언어만 영어로 되어있는 문서보다 내용이나 형식이 모두 조화를 이루는 문서가 국제적 경쟁력을 갖는 것은 당연한 일이다.

출처 : 영문자기소개서정보은행(http://www.jsresume.com/custom/guide_page04.html)

3) 영문 자기소개서 쓰기 TIP

① 첫 문장에 많은 시간을 낭비하지 말 것

기업체 인사담당자들은 지원자들로부터 오는 어마어마한 양의 자기소개서를 읽는다. 무엇보다도 그들의 시선을 사로잡는 문구로 시작하는 것이 중요하다. 이런 중요성을 모르지 않는 지원자들이 첫 문장 때문에 자기소개서를 시작도 못하는 경우가 있다. 그럴 때에는 과감하게 첫 문장을 비워두고 전체를 다 작성한 다음에 처음으로 돌아오는 것도 한 방법이다. 오히려 자신의 이야기를 써 내려가면서 첫 문장에 대한 아이디어가 나올 수도 있다.

② 상투적인 문구(Cliché)를 주의해서 사용할 것

상투적인 문구의 예를 들어서 설명하는 것이 더 빠를 듯하다. 예를 들면 다음과 같다.

> "from a young age I have always been interested in···",
>
> "passionate about literature"
>
> "I've loved books for as long as I can remember"

즉, 상투적인 문구란 별 내용도 없이 어필만 하려는 표현방법이라고 볼 수 있다. 또한 이런 문구들은 읽는 사람을 지루하게 만들 수 있다는 점을 명심해야 한다.

 알아보기 영국 UCAS에서 알려 준 자기소개서에 사용된 똑같은 상투적인 첫 문장 10선

Top 10 most overused personal statement opening sentences

1. I am currently studying a BTEC National Diploma in ... (used 464 times)

2. From a young age I have always been interested in ... (309 times)

3. From an early age I have always been interested in ... (292 times)

4. Nursing is a very challenging and demanding career ... (275 times)

5. For as long as I can remember I have been fascinated with ... (196 times)

6. Fashion is not something that exists in dresses only ... (189 times)

7. Nursing is a profession I have always looked upon with ... (178 times)

8. For as long as I can remember I have been interested in ... (166 times)

9. I am an International Academy student and have been studying since ... (141 times)

10. Academically, I have always been a very determined and ... (138 times)

출처: Telegraph.co.uk ; Reproduced from the 'Ucas Guide to Getting into University and College' with permission of Ucas – available from www.ucasbooks.co.uk)

③ 인용문구 사용을 되도록 자제할 것

인사담당자에게 강한 인상을 주기 위해서 첫 문장을 유명인의 발언이나 고전에서 나오는 유명어구를 인용하는 경우가 있다. 하지만 이것은 양날의 검이 될 수 있음을 명심해야 한다. 실제로 영국 패션학과를 지원한 응시생들 중에 189명이 똑같은 인용문구를 사용했다고 한다.

그 인용문구는 바로 코코 샤넬의 "Fashion is not something that exists in dresses only"였다고 한다. 논문이나 에세이에서는 인용문구가 효과적이겠지만, 자기소개서에 사용하는 것은 주의해야 한다.

④ 나열식 자기소개서는 절대 지양할 것

'나열식 혹은 과장된' 자기소개서는 입학사정관이 뽑은 'Worst of Worst', 즉 최악 중 최악이라고 한다. 자신의 인생에서 반드시 꼽고 싶은 중요한 사건 혹은 책을 설명하고 그것을 솔직하고, 분석적이며 과장 없이 담백하게 작성하는 것이 더 좋은 점수를 받을 수 있다.

덧붙여서 자신이 지원하는 대학 전공 및 지원 동기와 관련 없는 내용들은 과감하게 삭제를 해야 한다. 아무리 자신에게 좋은 스펙들이 있더라도 코스와 관련도 없는 내용들을 주저리 주저리 자랑이나 하려는 듯이 쓰지 말아야 한다.

또한 자신이 증명할 수 없는 단어들은 함부로 쓰지 말아야 한다. 예를 들어, "나는 독립적이고 성실한 사람이다." 이렇게 썼으면, 왜 그런 말을 했는지에 대한 실례가 반드시 있어야 한다. 즉, 자신이 그러한 사람인지를 입학사정관이 납득할 수 있도록 해야 한다는 것이다.

⑤ 정제된 언어로 자기소개서를 작성하도록 할 것

자기소개서를 작성하는데 일부러 비속어를 사용하려는 지원자는 없을 것이다.

그러나 정제된 언어란 비속어 사용금지라는 것만을 의미하지는 않는다. 정제된 언어의 사용은 장황하거나 일부러 무리해서 재미있게 글을 쓰려고 하지 말라는 의미이다. 격식 있는 표현과 단어를 사용해야 한다.

⑥ 너무 많은 사람에게 조언을 구하지 말 것

자기소개서나 대학 원서를 쓸 때, 가장 생생한 참고가 될 수 있는 것이 바로 선배들의 조언과 경험이다. 특히 비슷한 전공을 희망할 경우에는 선배의 경험은 응시자에게 피가 되고 살이 될 수 있다. 이러한 선배들의 노하우는 참고가 될지언정 맹신할 필요는 없다.

같은 전공이라고 하더라도 살아온 인생과 졸업 후 방향은 다를 수밖에 없기 때문이다. 또한 급한 나머지 많은 사람에게 이런 저런 조언을 듣다 보면 자기소개서의 방향이 흐트러질 수밖에 없다. 따라서 조언을 구하더라도 선택적으로 수렴하는 것이 중요할 듯하다.

⑦ 문단을 과감하게 나눌 것

한 페이지가 한 문단으로 이루어졌다면 읽는 사람이 무척 피곤해진다. 적절하게 내용이나 흐름을 생각해서 적절하게 문단을 나눠야, 글을 쓰는 사람이나 읽는 사람에게 효과적일 것이다.

⑧ 대필의 유혹에서 벗어나기

원어민 학생들도 자기소개서를 작성한 후, 자신의 튜터에게 읽어보게끔 한다. 이때 튜터는 내용뿐만 아니라 영어도 체크해 준다. 원어민 학생이라고 해서 영어 문법이나 문장이 완벽하지 않기 때문이다. 영어로 자기소개서를 작성하는 한국 학생들은 좋은 영문 자기소개서 샘플을 찾아 참고하려고 한다.

그런데 일부 학생들은 아예 대행업체를 찾아가 자기소개서를 대필하곤 한다. 자기소개서를 보는 이유는 글을 쓰는 사람의 성격, 가치관 및 비전을 보고 판단하고자 하는 것인데 대필업체가 이것을 얼마나 잘 표현해 줄 지 의문이다. 투박하더라도 자신의 글로 응시자의 생각과 경험을 담담하게 표현하는 것이 훨씬 낫다.

(2) 일문 및 중문 자기소개서

일본어나 중국어로 자기소개서를 작성할 때 다음을 주의하여 작성한다.

- 자기 PR은 목적이므로 자기소개가 되지 않도록 주의
- 인사담당자가 꼭 만나보고 싶은 생각이 들도록 작성
- PR하고 싶은 것 + 구체적인 에피소드를 함께 작성할 것
- 인생에서 가장 힘들었던 시기, 실패를 극복한 경험의 사례를 작성하여 성장성 및 대응력 등의 PR을 할 것
- 여러 가지 경험을 단순히 나열하기보다는 왜 했는지, 그 경험을 통해 무엇을 얻었는지를 작성할 것

   (출처: www.youtube.com/watch?v=qn6JZwHi2us)

 표 3-2 **직무경력 작성 TIP**

- '어디서', '무엇을', '언제', '얼마만큼', '어떻게' 경험했는가
- 그 결과로 '무엇을', '얼마만큼' 배웠는가
- 앞으로 '무엇을', '어떻게' 하려고 하는가

   출처: www.youtube.com/watch?v=qn6JZwHi2us

I will work as a responsible talent with an enterprising spirit!

■ Background
Believing a happy home is the basis of a successful society and nation, my family is always full of laugher and warmness.
My father has always been sincere in doing things and my mother has always been caring for us with warm affection. Having a strong faith in education, my parents always hoped that I would grow up to be a humane and intellectual adult.

■ Character
Failure is the mother of success.　This is the guiding principle of my life.
Though sometimes being heard stubborn, if I think it should be done, I finish it even staying up overnight. I think it is one of my strong points. I am usually unaffected but when I should concentrate something I change to meticulous nature and delicate nature. Also when I work, I do my best.

■ School days & Experiences
My college years challenged me with independence and intellect.
Being on my own, I believed that self maintenance was very important.
I, therefore, made strict boundaries for myself, of what I was going to allow and where I would draw the line. Nowadays, I maintain my health through early-morning swimming, hiking and marathon. These give energy to work and life as a whole.

■ Work experience & Remark
Thinking that any experiences will help, I took diverse part-time jobs and worked hard.
I also steadily prepared the exam of certified public accountant studying my major hard. When I did part time work in the department of returned goods of BIZDIC Korea before charged, I got a chance to have social experiences.
Although it was short time for 7 months, I learnt the responsibility and duty as a member of society, and realized the faith from sincerity and passion is more valuable than acknowledgment by excellent talent.
These experiences helped me to know the preciousness of labor and the difference between university life and company environment and to establish the mind and attitude needed to work in a company.

■ Motive & Ambition
I work I think that what I study in the best space to meet the best requirement is most important to be the best expert.
If I am given the opportunity to work for your company, I will do my utmost, thinking the work not only as a means for leading a life but also a chance to realize what I have been thinking and dreaming of. I will contribute to your company through constant research and study, believing the development of the abilities of company members leads to the advancement of the company. If you give me the opportunity, I will do more than my abilities. Also, I will act following what I believe is right. I promise I will do my utmost.

I aspire to be a professional and special man of talent!

■ Background
My parents always taught me to be open minded yet have values and do all things in moderation. By doing this I learned to be confident and independent with integrity. My sister and I used to fight a lot. These days we are great friends, both as competitors and sometimes as supporters. I am very adamant and don't give up easily when I set my mind to something. I am very enthusiastic in everything I do and very social. I have many great friends and they would come to me with one phone call.

■ Character
I always remind myself that life is what I carve it out to be.
I plan things thoroughly so that under any circumstances, I will live a purpose driven life.
As much as I am easygoing and social, I value trust in people and try hard to be loyal. Some people might see me as stubborn and obstinate but I think that it can be a positive trait.

■ School Life & Experience
For two years running, I spent busy university years as a departmental student representative, and also helping the professor with research. Working in student's association, taught me leadership and the need to keep private and public life separate.

During four years at university, I was not in any way lopsided in attending classes and doing practical projects. I had the chance to do more in-depth study by helping the professor with research and by auditing master's classes.

■ Work & Special Experience
I built a pilot operation of a company's personnel management system as part of my helping the professor with research. I also analyzed their various personnel management systems. This was the chance to learn the unique system ran by the company to supply diverse carrier opportunities and increase the satisfaction level of company workers. They did this by bettering their welfare benefits, and a personally fitted program to cultivate talents. The company had the top longevity in the market.

Through these research experiences with various companies, I have gained as much information and vision in terms of personnel management as an experienced worker has.

■ Motive & Ambition
OOO is a leading enterprise in Korea. It stands prominently above other companies by valuing human capital more than anything else.

I believe in the the concept that personnel management is not just paying wages and providing information on promotion, but also managing human resources. Developing and promoting manpower is the core to a thriving business.

I believe that only a company that cherishes their talents can achieve a great success through their talents. It is the personnel management department's role to bring out passion for the company and community spirit from those talents.
I show my greatest desire to be part of your team to use my ability in efficient personnel management.

일본어 자기소개서 샘플-1

例文１２）

提出日「２０１０年9月15日」
★○○○の自己紹介★

はじめまして。お目にかかれて光栄です。
私の名前は○○○と申します。瑞逸大学の日本語科１年生です。

去年は東京の西新宿5丁目駅の近くに住んでいました。
当時の私の部屋は、家賃が8万円もしましたが、すごく狭くてあまりよくないボロアパートでした。
けれども、今思うと、その部屋での生活はとても楽しく、そしてちょっぴり寂しかったりもして、色んな思いが混じり、お陰で考えの幅が少しは広くなったと思います。
3月から１２月まで、１０ヶ月間の日本での生活は、私の心を豊かにし、少しは成長させてくれたと思います。
私が通っていた学校は東京日本語文化学校というところでした。
日本語の勉強は大変でしたが、クラスメートのみんなのおかげで楽しい時間を過ごすことができました。
今年の春、韓国の大学に入学するため、予定より早めに帰国してしまい、それが今でも心残りです。
それで、再来年この大学を卒業したら、また日本へ行くつもりです。
去年は就学ビザでしたが、今度はワーキングホリデーで行ってみたいと思っています。

将来の夢は、前はずっとファッションデザイナーを目指していましたが、今は日本語を生かせることのできる通訳士とか、外交、観光ガイドなどのような仕事も良いかなと思っています。
今の私には無理かも知れませんが、夢は大きくもち、頑張りつづければ必ず叶えると思います。
そのためには、まずJPTの試験で高得点を取り、そして、JLPTのN1も取ることが最優先だと思っています。
それから、１学期のように２学期にも頑張ってまた奨学金をもらいたいです。
少し欲張かも知れませんが、精一杯頑張るつもりです。
そして、冬休みになったら、東京にいる友達や日本語学校の同級生たちとも会って、遊んだり、買い物したりしながら、存分に楽しんでみたいです。

私は子供の頃から勉強より絵を描くことのほうがもっと好きな子でした。
なので、今こうやって言語を覚えたりすることはとても大変ですが、日本語の勉強はすればするほど楽しくて面白くなり、どんどん好きになりました。
漢字も難しくて覚えるのが大変ですが、これから一生懸命に頑張ってもっと上手になり、必ず夢を叶えたいです。

ここまで読んで頂き、どてもありがとうございました。
これからも頑張りますのでどうぞよろしくお願いいたします。

(예문 출처: 2010학년도 학생 제출 과제)

일본어 자기소개서 샘플-2

自己PR

成長過程

正直さと誠實さそして愛を強調する兩親の下で1男2女中次女で生まれました.父は長い會社生活に基づいた正直と誠實に關しては自ら行動し,母は專業主婦として愛というのが何か教えてもらいました.こんな兩親の下で自然に正直さと誠實さ,そして兩親に愛されながら過ごしました.

性格の長點/弱點

男女老小に關わらず誰とも對話が可能な人だと最近よく言われています.多分人に關して先入觀を持つのが最も嫌いな性格の爲だと思います.どんな仕事も始める時は責任が取れて納得がいくのを事先に考えます."自分に納得いける人生を過ごす"が生活信念でもあります.どんな場合でも納得できない狀況で仕事をするなら,その仕事が終わった後は必ず後悔だけが殘ると思います.こんな姿勢で誠實に過ごしたせいで留學生活中にしたバイトにも決まった時給より多めにもらった記憶があります.

學生時代及び經歷事項

小學校2年の時まで田舍で過ごし,19○○年○○月日本留學に行くまではソウルで過ごしました.商業高等學校を卒業後,職場生活を1年餘りした時,現實的に勉强不足というのを感じ留學を決心,留學生活を樂しく過ごすという積極的な姿勢で○年間を日本で滯在しました.大學4年間最も印象深かった事は2年の時,私の誕生日パーティで日本人學生40名と擔當先生が參席してもらった事と1學年から4學年までもらった奬學金です.

志願動機及び入社後の抱負

日本現地で中古車營業をしながら誠實さと積極性を身に付ける事もできたし,大學2學年時始めた日本語と韓國語個人レッスンは習う人が分かりやすいという評判が多く人氣を集めた事もありました.多くのバイトでも拘わらず1學年からと4學年までもらった奬學金は私には誇りだと思っております.

こんな經驗と日本語能力,そして講師としての熱意を最高に盡くし教えますし,常に努力する講師になります.これからは勞❌ではなく"仕事"を樂しみながら頑張りたいと思っております.

您好！因为敢于冒险，而品味过成功的丰硕果实；因为探索冒险，也体验过触礁的 震荡和凄凉。但是这一切都锻炼了我作为企业人员所须具备的成熟与胆识！ 大学的学习生活使我领悟到了人生的真谛。经过三年的不懈努力，我基本实 现了自己全面发展的奋斗目标，这为我今后的发展打下了坚实的基础。

三年来，在师友的严格教益及个人的努力下，我具备了较扎实的专业基础知 识，系统地掌握了电信有关理论；能熟练操作计算机操作系统win98，2k，XP 和常用软件Photoshop和OFFICE系列办公软件，网络安全，局域组建，无盘 工作站的组建。同时，我利用课余时间广泛地涉猎了大量书籍，不但充实了自己，也培养了自己多方面的技能；更重要的是，严谨的学风和端正的学习态度塑造了我朴实、稳重、创新的性格特点。

我明白在传统教育体制下出来的学生，免不了带有知识面狭窄及实际操作能 力不足的缺点。所幸的是我较早从以前的毕业生那儿了

관광서비스업 **취업뽀개기**

관광
서비스업
취업뽀개기

CHAPTER 04

면접

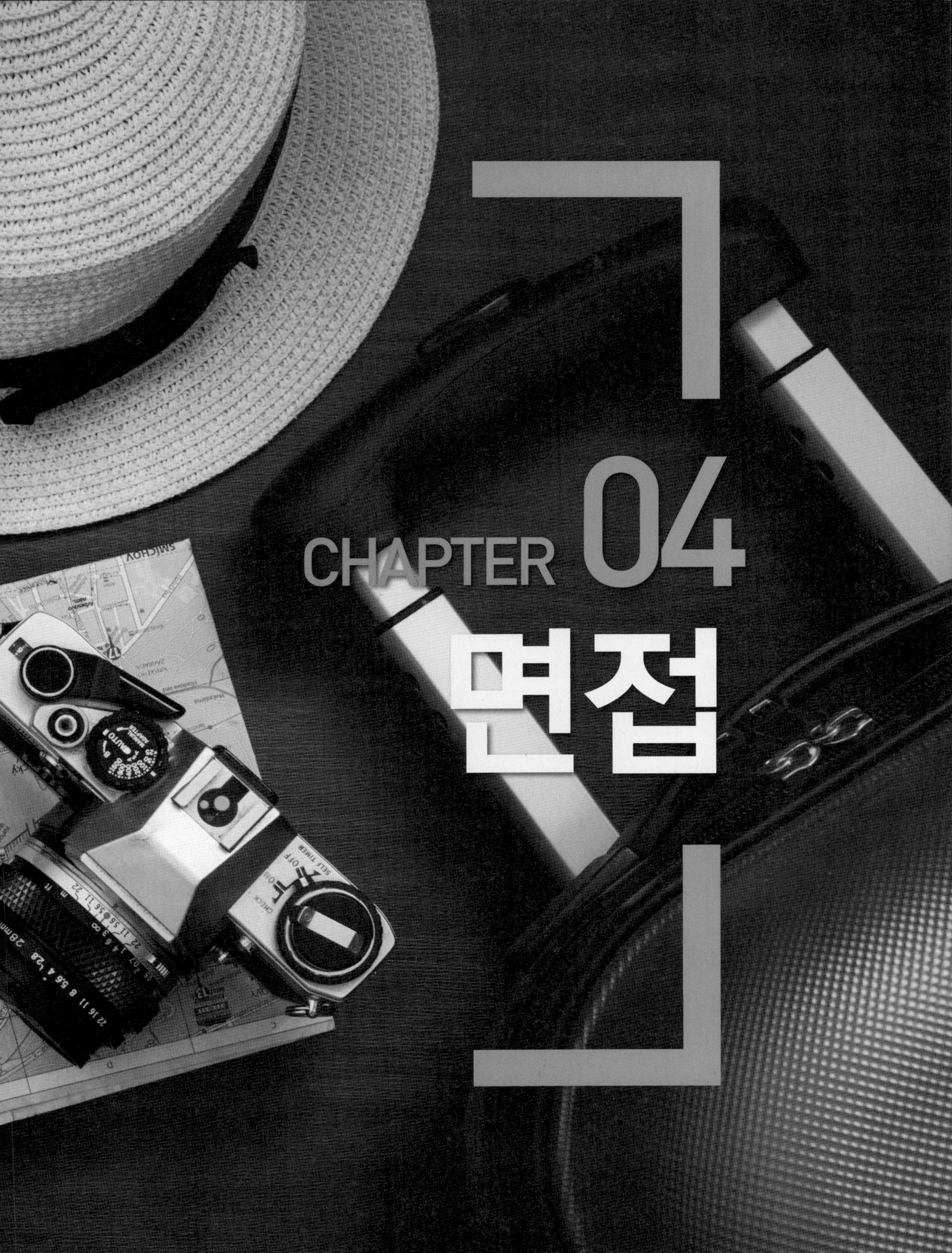

01 면접의 개념과 절차

(1) 면접의 의의

면접이란 서류 심사, 필기 시험 등을 거치고 난 후, 최종적으로 지원자를 만나 인품, 언행, 지식 수준 등을 직접 알아보는 구술 또는 인물 시험이다. 지원자의 기본적인 자질은 서류와 필기 시험을 통해 알 수 있으나 지원자의 인간성 등을 정확하게 알수 없기 때문에 면접관과 지원자가 직접 만나 잠재력, 창의력, 추진력 등을 알아보기위해 실시한다. 즉, 면접을 통해 이력서나 자기소개서에는 잘 나타나지 않는 여러 가지 자질들을 확인하고 지원자의 인성적 측면과 종합적인 능력들을 평가하게 된다.

면접을 하게 됐다는 것은 일단 이력서와 자기소개서의 내용은 만족스럽다는 뜻이므로 면접에서 최대한 자신의 능력을 보여줄 수 있어야 한다. 첫인상과 태도부터 시작해 전공 전문지식과 위기대처 능력에 이르기까지 지원자의 모든 역량을 파악하기때문에 면접에 앞서 철저한 준비로 성공적인 결과를 거두어야 한다.

그림 4-1 **관광서비스업체 채용절차 사례**

01 서류전형 > 02 실무자 면접 > 03 합격통보

출처 : 여행박사 홈페이지

유능한 인재를 확보하는 것은 관광서비스업체의 생사와 직결되는 문제로 능력 있는 인재 채용을 위해 면접에 보다 많은 노력을 기울이게 된다. 또한 면접은 최근 들어 탈스펙, NCS(National Competency Standards: 국가직무능력표준), 블라인드 채용이 확산되면서 더욱 중요해지는 채용절차가 되었다고 할 수 있다.

(2) 면접의 절차

1) 면접하기(질문자)

 표 4-1 질문자의 면접 단계별 준비

면접 전(준비 단계)	면접의 목적에 맞추어 질문할 핵심적인 내용을 준비한다.
면접 중(본 면접 단계)	준비된 질문을 바탕으로 구체적으로 질문하고 답변을 청취 혹은 기록하고, 필요한 경우 보충 질문을 한다.
면접 후(평가 단계)	수집한 정보를 바탕으로 면접의 성과나 피면접자에 대해 평가한다.

2) 면접받기(답변자)

 표 4-2 답변자의 면접 단계별 준비

면접전(준비 단계)	예상되는 질문을 정리하고 답변을 준비한다.
면접중(본 면접 단계)	• 면접자의 질문 의도를 정확하게 파악한다. • 핵심적인 내용을 간결하고 효과적으로 답변한다.
면접 후(평가 단계)	자신의 면접 결과에 대하여 스스로 점검하고 평가한다.

출처: http://blog.naver.com/PostView.nhn?blogId=soma0979&logNo=221053537441 필자 재구성

면접의 순서와 자세

❶ 하루 전

• 면접장소를 모를 경우 사전에 교통편이나 소요시간을 파악해 두도록 한다.

• 구두는 깨끗이 닦아두고 면접복장은 미리 준비를 해두며, 평소보다 조금 일찍 잠자리에 들도록 한다.

❶ 면접 당일 아침

• 아침 뉴스나 신문기사를 통해 이슈가 되는 내용이 있는지 살펴본다.

• 지각은 금물, 30분 정도 일찍 도착하여 회사를 둘러보고 환경에 익숙해지는 것이 긴장을 풀고 마음을 안정시키는 데 도움이 된다.

❶ 대기실

• 면접은 대기실에서부터 시작된다. 대기실에서의 행동도 평가될 수 있음을 유념하자.

• 대기 중의 자세에도 유의하며 잡담을 하는 등 불필요한 행동은 삼간다.

• 담배를 피우지 않는다. 면접관 중 비흡연자는 담배냄새를 불쾌하게 생각한다.

• 면접절차를 머리 속에 그려보며 차분히 마음을 가다듬으면서 긴장해소에 중점을 둔다.

❶ 입실

• 깔끔한 옷차림, 예의 바른 자세, 자신감 있는 밝은 인상이 좋은 첫인상으로 결정된다(6초의 시선이 면접당락의 50%를 좌우한다)

• 호명 시 노크를 하고 입실하고 입실 후에는 조용히 문을 닫고 간단한 목례를 한다.

• 지정된 좌석에 가면 정식으로 30도 정도의 각도로 정중히 인사를 한다.

• 면접관이 앉으라는 지시가 있을 때까지 앉지 마라. 앉으라는 지시가 있기 전에 앉는 것은 결례이다.

➊ 착석 시 바른 자세와 시선처리

- 착석 시 바르고 편한 자세를 고쳐 잡는다. 의자에 앉을 때에는 깊숙이 앉도록 하고 허리는 곧게 편다.
- 남성의 경우 무릎을 어깨 넓이만큼 벌리고 앉고 손은 양쪽 무릎 위에 가볍게 올려 놓는다. 여성의 경우 양 무릎과 정강이를 붙인 상태로 다소곳이 앉도록 한다.
- 시선은 질문자의 눈썹 사이에 맞추며, 답변 중간 중간에 다른 면접관들과 눈을 맞추는 것도 잊지 않도록 한다.
- 다른 지원자가 답변할 때에 특히 시선처리와 태도에 유의한다. 시선은 바로 앞 면접관의 드레스 셔츠 깃 중앙부분에 맞추고 경청하는 태도를 보인다.

➊ 면접장을 나설 때

- 면접 종료시점에 "마지막으로 하고 싶은 말?"을 요구할 시에는 히든카드를 꺼내는 마음으로 적극적인 입사의지를 표명하는 것이 좋다.
- 결과에 대한 판단을 스스로 하지 마라. 면접관이 질의 시 보여준 반응과 표현은 면접 당락과 일치하지 않는다. 마지막까지 최선을 다하는 자세가 중요하다.
- 면접이 끝나고 의자에서 일어나면 앉았던 의자를 정돈한 후 15도 정도의 가벼운 인사를 함으로써 면접에 최선을 다했다는 느낌을 주도록 한다.
- 인사말은 "감사합니다." 등으로 끝내라. "수고하셨습니다."는 통상 손 윗사람이 아랫사람에게 하는 인사말임을 유의하자.
- 면접이 끝났다는 안도감으로 무의식중에 벌떡 일어나 급히 면접장을 빠져 나가거나 힘없는 뒷모습을 보이지 않도록 한다.
- 면접위원은 수험생의 마지막 뒷모습까지도 관찰하고 있다는 것을 잊지 말자.

출처: http://blog.daum.net/backtothebasic/8099922)

02 면접의 종류와 질문 유형

(1) 면접의 종류

면접의 종류는 지원자와 면접관의 숫자에 따라, 면접의 장소 및 내용에 따라 다양하게 나눌 수 있다. 관광서비스업체의 경우 서류 전형을 통과한 지원자들을 대상으로 1차 실무자 면접, 2차 관리 및 임원 면접을 실시한다.

인터넷 취업포털 잡링크가 148개 기업을 대상으로 '현재 진행하고 있는 면접방식'을 조사한 자료에 따르면 '집단면접'이 57.4%로 가장 많았다. 다음은 '1대1 개별면접' 23%, 집단토론 면접 20.9%, 프레젠테이션 면접 16.2%, 블라인드 면접 6.1% 순이었다.(http://blog.naver.com/PostView.nhn?blogId=studycadcam&logNo=221361391531)

1) 집단(group) 면접

그림4-2 **집단 면접**

출처: http://blog.daum.net/
backtothebasic/8099922

면접관 여러 명 혹은 1명이 여러 명의 지원자를 동시에 보는 면접이다. 시간을 절약할 수 있으며, 같은 질문을 여러 지원자에게 할 경우 지원자들의 면모를 비교해 볼 수 있다. 그러나 지원자 개개인에 대한 다양한 정보를 얻기는 어렵다.

지원자는 질문을 받지 않았을 때에도 면접관들이 나의 태도를 보고 있다는 것을 인식하고 타인의 대답을 경청한다. 또한 시선처리에 주의한다.

집단 면접은 관광서비스업체는 물론 국내 대부분의 기업에서 신입사원 선발 시

사용되는 방법이다.

2) 개별(개인) 면접

개인의 특성이 최대한 발휘될 수 있는 면접으로 면접관과 지원자 한 명 또는 면접관 여러 명과 지원자 1명 간의 면접 방식이다. 시간이 많이 소요되고 면접관의 주관이 개입될 수도 있지만, 지원자의 특성을 면밀히 관찰할 수 있는 방법이다.

지원자 혼자 면접을 보기 때문에 긴장감이 클 수 있지만 편안한 마음으로 면접에 임한다면 오히려 좋은 결과를 얻을 수 있다. 기업 입장에서는 면접관이 여러 명일 경우 다각도로 질문을 던질 수 있고, 이를 통해 지원자의 다양한 면모를 볼 수 있는 장점도 있다.

이 경우 지원자는 다수의 면접관이 지켜보고 있으므로 시선처리에 특히 신경을 써야 한다. 질문을 한 면접관을 중심으로 시선을 두고 답을 하며, 질문을 한 면접관 좌우에 있는 면접관에게도 시선을 던지며 질문에 답한다.

경력사원이나 특별한 기술이나 능력을 필요로 하는 인재 채용 시 주로 사용된다. 예를 들면 대학에서 신임교수를 채용할 때 사용되기도 한다.

 **그림 4-3** **개별 면접**

출처: http://blog.daum.net/backtothebasic/8099922

3) 집단 토의 면접

주제를 제시해 놓고 지원자들 간에 토의를 하는 방법으로 지원자 중에서 사회자를
정해 토론을 하게 되거나, 사회자 없이 완전히 자유롭게 토의하는 방법이 있다. 토의
시간은 보통 팀당 30분~1시간이 주어지며, 한 팀의 인원은 5~10명으로 편성한다.

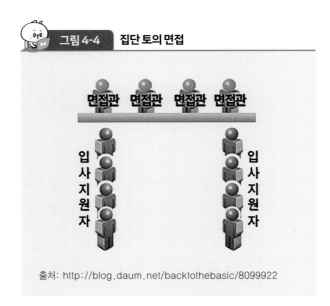

그림 4-4 **집단 토의 면접**

출처: http://blog.daum.net/backtothebasic/8099922

지원자들의 토론내용이
나 자세, 경청태도, 발언태
도 등을 볼 수 있으며 지원자
의 논리력, 사고력, 협조성,
협동성 등에 대해 평가한다.
지원자들은 토의를 너무 혼
자서만 독점하려고 하면 안
된다. 또한 토론에 대한 정
답은 없을 수 있으므로 개인
의 의견을 너무 강하게 주장
하면 안 된다.

4) 프레젠테이션(presentation) 면접

전문성 있는 주제에 대하여 자신의 의견, 지식, 경험 등을 발표함으로써 지원자 개
인의 특성이 최대한 발휘될 수 있도록 하는 면접방식이다. 장점은 사고력과 표현력,
발표력은 물론 전문적인 지식과 기획력, 분석력을 파악하는 데 효과가 매우 크다.

프레젠테이션 면접주제의 예로는, 중국의 한류열풍을 이용한 여행상품 판매전략,
연봉제의 장단점과 보완책, 고령화 시대에 실버여행자들의 여행행태 전망, 기획하
고 싶은 여행상품과 그 이유 등을 들 수 있다.

5) 블라인드(무자료) 면접

면접관이 지원자에 대해 아무런 정보가 없는 상태에서 진행되는 면접방식이다. 지원자에 대한 어떠한 편견과 선입견도 배제된 채, 있는 그대로를 평가할 수 있다. 이 같은 공정성과 객관성 확보가 이 면접의 가장 큰 장점이다. 출처: 윤지영 C&S(Communication&Sales) 블로그 http://blog.naver.com/PostView.nhn?blogId=vision0753&logNo=130150636726

따라서 지원자들은 무엇보다 스스로에 대한 자신감을 가지고 면접에 임하는 것이 필요하다. 자신의 장점과 능력을 설득력 있게 전달하는 것에 주력해야 한다.

6) 압박(스트레스) 면접

면접관이 일부러 지원자에게 스트레스를 주는 면접으로 지원자를 극도의 긴장상태로 몰아넣고 어떻게 응대하는가를 보기 위한 방법이다. 지원자에게 불쾌감을 주면서 지원자의 자제력, 인내력, 판단력 등의 변화를 관찰하고 평가하는 것이다.

예를 들어 객실승무원, 호텔종사원 및 여행사 OP의 서비스와 태도를 확인하기 위해 고객이 난처한 요구를 하거나 긴급한 상황이 발생했을 때 등 다양한 상황을 설정하고 지원자가 이에 대처하는 방식을 살펴본다.

7) 다차원 면접(Un Known 면접)

한 장소에서 면접관과 지원자가 질의 응답하던 기존의 면접방식과 달리 다양한 장소에서 다양한 방법으로 자연스럽게 지원자를 파악할 수 있는 면접방식이다. 노래방, 술, 축구, 농구, 야구, 족구 등의 운동이나 놀이동산, 산 등을 통한 면접이다.

기존의 면접은 2~3분의 발언기회가 주어져 지원자들이 실수를 하면 만회할 기회가 없었으나, 다차원 면접은 면접관이 지원자와 하루 종일 함께 지내면서 지원자의 개성이나 조직 적응력, 리더십 등을 자연스럽게 평가할 수 있다는 장점이 있다.

다차원 면접에서는 지연이나 학연과 관련되는 질문은 금지되어 있으며, 지원자는 자연스럽게 어울리되 면접 중이라는 사실을 잊어서는 안 된다.(출처: 면접의 유형. 작성자 에듀진로적성연구소)

(2) 면접 질문의 유형

 표 4-3 면접 질문의 유형

폐쇄형 질문	면접자가 확인하고자 하는 특정의 사항에 대해 구체적으로 제시하는 질문이다. 예를 들면 NO SHOW에 대해 설명해 보세요.
개방형 질문	피면접자로 하여금 광범위하게 생각하고 진술하도록 하는 질문으로 예를 들면 "만약 당신이 여행가이드라면 현지에서 화산폭발이 났을 때 여행일정을 어떻게 진행하겠습니까?"
보충 질문	피면접자가 답변을 회피하거나 모호하게 할 경우, 또는 좀 더 구체적인 답변을 원할 경우 추가하여 하는 질문이다. 예를 들면 "**라고 대답하셨는데, 왜 그렇게 생각하십니까?"

출처: http://blog.naver.com/PostView.nhn?blogId=soma0979&logNo=221053537441 필자 재구성

(3) 면접의 유의사항

• 면접자는 객관적인 정보 수집을 위해 종종 자신의 의도를 숨기고 질문을 하기도 하는데, 이때 피면접자는 질문자의 의도를 파악하기 위해 주의 깊게 듣고 질문 내용을 정확히 파악해야 한다.

• 면접의 상황, 목적, 질문자에 대한 사전 지식과 이해, 메시지에 대한 평가를 고려하도록 해야 한다.

• 제한된 시간 내에 명료하게 답변하고, 불필요한 진술이나 자신 없는 태도를 피해야 한다.

• 면접관이 요구하는 답변이 사실에 관한 것인지, 의견에 관한 것인지를 분명히 파악하고 있어야 한다. (면접의 개념. 절차. 질문의 유형. 유의점에 대해 알기/작성자 스카이에듀 국어 쏘마)

알아보기 | 면접관이 알려주는 면접 잘보는 방법

방법1. 면접관의 심각한 표정을 너무 두려워하지 말자!

면접을 볼 때 더욱 긴장을 하게 만드는 것 중 하나는 면접관의 심각한 표정이 아닐까 한다. 물론 면접 내내 밝은 미소와 따뜻한 표정의 면접관도 있지만 그에 반해 심각한 표정으로 질문을 하거나 답변을 듣고 있는 면접관도 있다.

이는 짧은 면접 시간 동안 우리 회사와 잘 맞는 사람인가를 간파해내기 위해 웃어줄 여력이 없기 때문이다. 면접자들의 대답을 놓치지 않고 잘 들어야 할 뿐만 아니라 그것에 대한 추가 질문, 그리고 그 다음 질문까지 하기 위해선 자연스럽게 표정이 굳어질 수밖에 없다. 사람이 무언가에 집중할 때 표정이 심각해지는 것이다.

따라서 면접자들은 심각한 면접관의 표정을 너무 두려워하진 말자. 이는 면접자의 대답이 마음에 안 들어서가 아니라, 면접자의 대답을 더 듣고 싶은 마음에 표정이 굳어져 있을 수도 있다는 것이다. 그 때는 오히려 자신을 더 어필할 때이니 놓치지 말고 당당하게 나를 어필하자.

방법2. 질문의 의도를 파악하고, 핵심부터 말하자

면접을 볼 때는 너무 긴장이 돼서 내가 무슨 말을 하는지도 모르고 말하게 된다. 그래서 질문과는 완전히 다른 동문서답을 하기도 하는데, 이는 질문의 의도를 제대로 파악하지 못한 최악의 실수를 저지르는 것이 된다.

면접관이 하는 질문 중에 이유 없는 질문은 없다. 30초 또는 1분 동안 자기소개를 해 보라는 질문에도 이유가 있다. 요는 면접관이 하는 질문의 의도가 무엇인지부터 생각해보고 답을 하자.

또한 핵심을 맨 앞에 말하자. 핵심을 뒤에 숨겨놓고 주저리주저리 설명부터 늘어놓는 면접자들이 있는데, 면접관도 사람인지라 말이 길어지면 뒷부분은 잘 들리지가 않는다. 어필하고 싶은 부분은 맨 앞으로 꺼내서 면접관에게 잘 전달될 수 있도록 해야 한다.

출처 : https://brunch.co.kr/@edityou/9

(1) 면접 복장

1) 남성 면접 복장

원하는 기관, 회사나 기업체, 가게 등에 본인을 취직시켜 달라고 자기 자신을 어필하는 자리인 동시에 평가를 받는 첫 대면식인 자리이다. 그렇기 때문에 특이하거나 현란한 것을 피하고 무난하게 준비하는 것이 좋다.

관광서비스업체는 직종의 특성상 많은 사람들을 접하기 때문에 외모적인 부분도 중요하고, 복장 또한 단정하고 깔끔해 보이는 것이 좋다. 색상은 네이비, 블랙, 그레이 계열 중 본인의 피부색깔과 체형에 맞춰 선택한다.

① 수트

수트는 위, 아래 같은 소재의 한 벌 정장을 말한다. 일반적인 정장의 형태는 싱글 수트로 재킷의 단추가 한 줄로 달려 있고 앞에 여밈이 홑자락으로 되어 있다. 싱글 수트는 어깨가 넓고 상체가 발달하였거나, 얼굴이 통통하고 둥근 체형의 남성에게 잘 어울린다.

앞 단추가 양 쪽으로 두 줄로 달려 있고 앞여밈이 겹쳐있는 것은 더블 수트로 세련된 느낌을 준다. 더블 수트는 또한 베스트(조끼)를 추가하면 쓰리 피스가 된다. 마른 체형에게 권한다. 상의 길이는 본인의 엉덩이를 살짝 덮을 정도가 무난하다. 상의 길이가 너무 길게 되면 남의 옷을 빌려 입은 것 같고, 어리바리해 보일 수가 있다.

바지 길이는 양말이 보이지 않는 구두선 끝에 바짓단이 내려오도록 한다. 구두 윗부분에서 바짓단이 끝나도록 하면 더 단정해 보이는 느낌을 줄 수 있다.

자유복장?

합격 통지서나 공지사항 등에 편안한 복장으로 와도 된다고 하더라도 정장을 갖추는 것이 좋다. 이는 첫 만남이고, 면접의 기본이기 때문이다. 본인은 편하게 입고 간다고 하더라도, 아마 다른 사람들은 정장을 입고 올 확률이 높다. 아직까지는 정장은 모든 면접의 기본적인 복장으로 간주되고 있음을 기억하자. 면접 복장에서 넥타이만 풀어 줘도 캐주얼 정장이 된다는 것을 참고하자.

② 드레스 셔츠

가장 무난하게 선택하는 셔츠는 화이트 셔츠이다. 문제는 소재와 사이즈이다. 흰색 셔츠를 입는 예절엔 셔츠 안에 속옷을 갖춰 입지 않는 것이 예의라고는 하지만 셔츠 사이즈가 너무 꼭 맞거나 옷감에 따라 중요 부위가 어딘지 한눈에 보인다면 민망한 상황이 발생할 수 있기 때문에 반팔 속옷을 입어 줄 것을 권한다.

또한 좀 더 신뢰감을 주고 싶다면 파란색 계열의 셔츠를 입어주는 것도 좋다. 문제는 양복의 색상과 어울리는지 봐야 한

그림 4-5   셔츠 부위

출처: http://blog.hwenc.co.kr/534

다. 또한 검은색 셔츠나 화려한 무늬의 셔츠는 피한다.

셔츠를 입을 때는 ① 어깨선은 윗 어깨에 살짝 걸치도록 한다. ② 칼라는 재킷보다 1cm 정도 살짝 나오게 입는다. ③ 허리의 여분은 거의 없는게 좋다. ④ 소매의 길이는 손목과 엄지손가락 뼈 사이 정도에 위치하도록 한다. ⑤길이는 충분히 길어서 바지에서 빠지지 않도록 한다. (출처:한화건설 공식블로그 http://blog.hwenc.co.kr/534)

③ 넥타이

넥타이는 심플하면서도 포인트를 살릴 수 있는 어두운 계열이 좋다. 스트라이프나 도트 무늬, 단색 컬러이고 단정하면서도 포인트를 줄 수 있으면 좋다. 꽃무늬 넥타이, 기하학적 무늬, 나비넥타이 등 너무 화려하거나 특이한 것은 좋지 않다.

넥타이를 매는 방법은 매듭에 따라 크게 세 가지로 나눈다. 플레인노트, 하프 윈저노트, 윈저노트 방식이 그것으로, 매듭이 크게 만들어지는 윈저노트 방식으로 매는 것을 추천한다.

그림 4-6 플레인노트

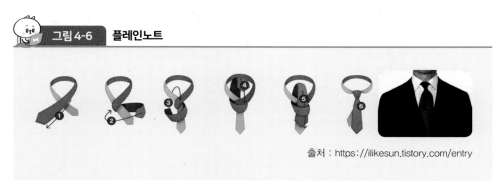

출처 : https://ilikesun.tistory.com/entry

그림 4-7 윈저노트

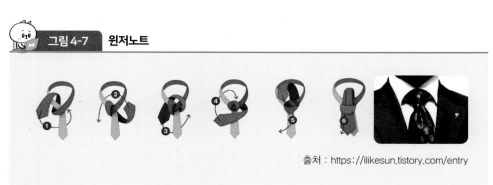

출처 : https://ilikesun.tistory.com/entry

그림 4-8 **하프 윈저노트**

출처 : https://ilikesun.tistory.com/entry

 얼굴색에 맞는 넥타이 색상

• 하얀피부: 빨강/검정/보라 컬러

• 까무잡잡한 피부: 붉은기가 있는 브라운(벽돌색)/네이비 컬러

• 노르스름한 피부: 베이지색/오렌지색 등 파스텔톤 컬러

출처: http://blog.naver.com/PostView.nhn?blogId=vjseo174&logNo=220076675637

④ 양말과 구두

잘 보이지 않을 것 같은 양말도 정장과 맞추어 주는 것이 좋다. 색상은 검정색이 무난하며 다크 브라운도 괜찮다. 또한 구두는 벨트와 색깔을 맞추는 것이 좋다.

정장 구두는 형태에 따라 로퍼와 옥스퍼드로 나눌 수 있는데 끈이 없어 매끈한 로퍼가 보기에는 예쁘지만, 남성 로퍼는 캐주얼화로 분류되기 때문에 끈이 있는 옥스퍼드 형태의 구두를 권한다. 재질은 가죽을 권한다.

양말은 검정계열로 양복 색상보다 조금 더 짙은 색의 정장 양말을 신어야 한다. 흰색계열의 양말은 절대 안 된다. 또한 양말의 길이는 앉았을 때 맨 살이 보이지 않아야 한다. 발목 양말이나 페이크삭스는 지양한다.

⑤ 헤어스타일

아무리 자율이 강조되고 개성이 존중되어지는 자리라고 하더라도 머리스타일은 깔끔하고 단정하게 하는 것이 좋다. 세미 포마드 헤어스타일이나 리젠트컷 스타일을 추천한다.

- 앞머리는 이마를 가리지 않도록 한다.
- 앞머리는 귀를 덮지 않도록 한다.
- 뒷머리는 셔츠 깃에 닿지 않도록 한다.
- 빗질을 하거나 헤어 제품을 사용하여 단정한 머리 모양을 한다.
- 지나치게 튀는 염색이나 헤어스타일은 피한다.
- 지나치게 유행을 따르지 않도록 한다.

알아보기 **남성 취업면접 복장 Rule!**

- Rule. 1 : 셔츠의 칼라와 소매는 재킷보다 1.5cm 정도 나와 보여야 한다.
- Rule. 2 : 타이 길이는 벨트버클의 중간지점에 위치한다.
- Rule. 3 : 바짓단의 길이는 구두 등의 1/4을 덮는 정도에 위치한다.
- Rule. 4 : 수트를 착장 시 얼굴과 손 이외의 맨살은 보이지 않아야 한다.
- Rule. 5 : 재킷의 길이는 힙의 8할 정도를 가리는 것이 좋다.

출처 : http://blog.naver.com/PostView.nhn
?blogId=songchouchou&logNo=220899235995

2) 여성 면접 복장

① 수트(정장)

여성의 경우도 남성과 마찬가지로 수트는 위, 아래 같은 소재의 한 벌 정장을 입는다. 재킷과 스커트 또는 재킷과 바지정장 한 벌을 말한다.

재킷은 무늬가 없는 검정, 네이비, 회색 등 단색 계열을 선택하는 것이 무난하다. 품이 조금 여유가 있는 것으로 선택하며, 어깨가 좁거나 쳐진 경우에는 어깨 패드가 있는 것을 선택한다.

스커트의 길이가 너무 길면 촌스럽고 어리바리해 보인다. 반대로 너무 짧게 되면 답답하고 경박스러워 보인다. 그렇기 때문에 무릎을 살짝 덮어주는 정도의 길이가 좋다.

바지의 길이는 구두에 맞추면 되는데 힐을 신었을 경우 구두 뒷굽의 반 정도, 낮은 굽의 구두는 구두 뒷부분 전체의 반 정도 오는 길이가 좋다. 키가 작은 경우는 하이 웨스트 형의 바지가 좋으며 하체가 통통하면 통이 조금 넓은 것이 좋다.

② 블라우스

블라우스는 얼굴의 톤과 얼굴형에 따라 칼라와 목선(neck line)을 선택한다. 즉, 단점을 보완하고 얼굴을 돋보여 줄 수 있는 것을 선택하는 것이 좋다.

③ 구두와 스타킹

너무 키가 크지 않은 경우라면 약간의 높이가 있는 구두가 좋다. 보통 5~7cm 정도면 적당하다. 지나치게 높은 것은 면접관으로 하여금 불안해 보이게 할 수가 있다. 또한 본인만 어느 정도 구두 높이가 있는 것을 신지 않게 된다면 다른 사람들과의 키 차이가 너무 많이 나 보인다.

구두의 앞부분이 막혀 있는 것이 좋다. 앞부분이 막혀 있는 것이 발가락이 안 보이게 되고, 깔끔해 보이기 때문이다.

스타킹은 반드시 착용한다. 기본 색상은 살색, 커피색, 블랙이며, 구두와 스타킹의 색을 맞추면 다리가 길어 보이고 단정한 느낌을 준다. 지나치게 튀거나 색상이 들어갔거나, 큰 무늬의 스타킹을 피한다.

④ 화장

요란한 화장과 색조화장은 피해야 한다. 따라서 했는지, 안했는지 표시가 나지 않을 정도의 비비크림이나 가벼운 화장이 좋다. 그리고 액세서리도 가능하면 하지 않는 것이 좋다. 하지만 귀걸이 정도는 너무 현란하거나 요란스럽지 않은 무난한 걸로 하는 것은 괜찮다.

⑤ 헤어스타일

본인의 이마를 보이도록 하는 것이 좋다. 따라서 머리는 단정하게 빗어서 살짝 묶어주는 것이 단정하고 깔끔해 보인다. 또한 호감형으로 남고 싶다면 볼륨을 약간 넣어주는 것도 좋다.

- 앞머리는 눈을 가리지 않고 올리거나 옆으로 놓는다.
- 머리장식은 피한다.
- 너무 밝은 색이나 튀는 색상의 염색은 피한다.
- 머리가 흘러내리지 않도록 헤어제품으로 고정한다.

알아보기 **체형별 복장 연출법**

- 키가 작은 체형 - 색상은 중간 톤의 회색이나 브라운 계열의 선이 분명한 줄무늬가 좋으며, 짙은 색상은 피한다. 목선의 V-존은 깊게 해 키가 커 보이도록 한다.
- 골격이 큰 체형 - 옷깃과 어깨가 넓은 것을 선택한다. 밝고 따뜻한 색상은 부풀어 보이므로 짙은 색상이 무난하다.
- 마른 체형 - 볼륨감을 주어 풍성하고 부드러운 인상을 준다. 밝은 회색, 갈색 등의 색상이 마른 체형을 보완해 준다.
- 뚱뚱한 체형 - 날렵한 인상을 풍기도록 어깨 선이 직각으로 된 옷을 선택하고 색상은 짙은 감색이나 회색으로 하는 것이 좋다. 바지는 아래로 내려갈수록 좁아지는 것이 다리를 날씬하게 보여준다.

출처: 한국교육지원센터

(2) 면접 자세

첫 만남에서 호감 또는 비호감은 20초도 되지 않아 결정이 난다. 면접장에 들어서서 자리에 앉기까지 면접관의 머릿속에서는 수천 개의 신경세포가 작동하면서 이 사람은 아군인가 적군인가라는 판단을 무의식적으로 내리게 된다. 따라서 힘들게 준비해서 면접까지 온 지원자의 경우 좋은 인상을 줄 수 있도록 해야 한다.

1) 미소

미소는 첫인상 형성에 가장 큰 무기가 된다. 미소는 자신감, 여유, 온화함, 열정 등 여러 가지 메시지를 전달할 수 있다. 언어학자들과 심리학자들은 인간 커뮤니케이션의 93~97%는 비언어적 요소에 의해 이루어진다고 이야기하는데, 비언어적 커뮤니케이션 수단 중 미소는 가장 강력한 힘을 가진다고 할 수 있다.

미소를 지으면 좌뇌와 우뇌를 모두 사용하기 때문에 좋은 인상뿐 아니라 실제로 임무를 더 잘 수행할 수 있다는 것이 의학적 실험에서도 입증되었다. 인터뷰 당일날 아무리 긴장이 되더라도 반드시 미소를 짓도록 하자. 문제는 미소는 갑자기 만들어지지 않기 때문에 꾸준한 연습이 필요하다.

2) 자세와 시선

의자에 앉을 때는 의자 끝이나 중간에 걸터앉지 말고 최대한 의자 깊숙이 밀어 넣어 닿게 한 후 등을 똑바로 세우고 앉는다. 앉은 상태에서 자신의 귀가 어깨에서 위로 오도록 고개 각도를 유지한다. 그 상태에서 상체를 앞으로 살짝 기울이는 느낌으로 앉게 되면 자신감이 있어 보이면서 진지하게 대화하려는 자세가 된다.

그 상태에서 시선은 면접관들의 눈높이에 맞추면 면접을 위한 자세가 완성된다. 시선을 어떻게 처리하는가도 면접을 앞둔 사람들에게는 부담스런 고민이다. 눈을 맞춰서 얼굴을 봐야 하는지, 눈을 보는 것이 실례인지 혼란스러울 수 있다.

정답은 될 수 있는 대로 시선을 맞추어 열정과 진지함 그리고 자신감을 전달하는 것이 좋다. 일대일 면접이 아니고 집단 면접이라면 질문하는 면접관을 위주로 양쪽 면접관을 골고루 바라보는 것을 권한다. 눈을 직접적으로 바라보는 것이 부담스럽다면 직접적으로 눈을 맞추는 시간을 줄이고 시선 높이를 눈 주변에 두는 것도 좋다.

3) 목소리

목소리가 첫인상에서 차지하는 비중이 30%나 된다고 한다. 좋은 목소리를 가지면 그만큼 더 호감을 얻어낼 수 있다는 의미가 된다. 문제는 누구나 좋은 목소리를 가질 수는 없다는 것으로 자신의 개성에 약간의 의식적 노력만 가미하면 목소리 때문에 면접에서 불이익을 당하는 경우는 없을 것이다.

면접에서 말하기는 전달력을 염두에 두고 분명하게 발음하면서 우렁차고 또랑또랑하게 말하는 연습을 통해 좋아질 수 있다. 말하기에서 또 하나 유의할 점은 어미를 어떻게 사용하는가이다. '~했어요', '~했습니다' 등 우리는 문장을 여러 가지 형태로 마무리할 수 있는데, 친근감과 편안함을 전달하기 위해 '~했어요'체를 사용하는 지원자가 더러 있는데, 이보다는 예의바르고 사무적인 '~했습니다'체로 바꿀 것을 권유한다.

04 상황별 면접 전략

(1) 면접 질문

면접에서는 다양한 질문들이 주어진다. 특히 지원자의 직무역량을 비롯하여 인성, 태도 등의 다양한 측면을 검증하는 면접 전형에서는 여러 질문들이 각각의 목적성을 지니고 있다. 따라서 면접자는 기업에서 반복적으로 묻는 질문 항목들을 파악하고, 이에 대해 조금 더 내실 있는 준비를 해야 한다.

1) 자기소개

면접에서 첫 출발이 되는 자기소개는 일상적이고 평범한 자기소개가 되어서는 안된다. 그렇다고 해서 아주 좋은 문구와 추상적인 표현으로 본인을 소개하는 것도 피해야 한다. 또한 어느 학교와 전공, 어느 분야 지원 등의 내용 자체도 불필요하다.

일단 첫 출발은 "안녕하십니까?"라는 인사와 함께 독특한 비유 등을 통하여 본인의 이름 세 글자를 알리는 것이 좋다.

이후에는 많은 지원자들이 본문 자체를 마구잡이로 설명하는데, 이것보다는 추가 질문을 받을 수 있도록 본인의 장점을 첫째, 둘째, 셋째로 구분하고 그와 연관된 경험을 이야기하는 것이 좋다. 마지막으로는 이런 장점으로 잘할 수 있다고 간략하게 마무리하면 된다.

알아보기　　**면접에 자주 등장하는 질문**

- 간단하게 자기소개를 해 보세요.
- 우리 회사에서 당신을 뽑아야 하는 이유를 말해 보세요.
- 동종업계의 다른 회사 말고 우리 회사를 지원한 이유를 말해 보세요.
- 지원한 직무를 선택한 이유는 무엇인가요?
- 10년 후 또는 5년 후 자신의 모습을 그려보세요.
- 일하는 목적이 무엇입니까?
- 입사 후 회사와 맞지 않는다면 어떻게 하시겠습니까?
- 상사가 납득할 수 없는 지시를 할 때 어떻게 대처하겠습니까?
- 자기소개서를 토대로 한 인성, 성장 과정 등에 대한 질문

예) 실수한 경험이 있습니까?, 졸업 후 공백기간이 있는데 무엇을 했나요?, 자신의 장점과
　　단점을 말해 보세요 등)

출처: 면접 준비 필수 가이드, 면접의 정석 https://brunch.co.kr/@jobplanet/16

2) 지원동기 : 지원한 이유, 뽑아야 할 이유, 왜 우리 회사에 등

지원동기 부분은 거의 모든 지원자에게 질문될 정도로 중요한 질문이다. 이에 대해 지원자들은 하고 싶다거나 가고 싶다 등의 논리, 비전 및 적성과 일치한다, 어렸을 때부터 꿈이었다, 개인적인 친분 등이 있다고 답하기 쉽다.

하지만 기업 입장에서는 지원자가 왜 필요한지, 회사에서 활용도가 있는지를 검증하기 때문에 이 부분에서는 반드시 지원자 본인이 뽑힐 수 있는 이유, 즉 회사 측면에서보다는 지원직무와 연관된 장점, 준비사항 등을 핵심적으로 정리하여 본인 스스로 잘할 수 있다는 것을 명확하게 증명해야 한다.

❗ 자기소개 부분에서 받을 수 있는 질문

1. 1분 동안 자기소개 해 보십시오.

2. 3분 동안 자기 PR을 해 보십시오.

3. 자신의 장점과 단점을 말씀해 주십시오.

4. 당신은 어떤 개성이 있다고 생각합니까?

5. 특기가 있습니까?

6. 리더십이 있는 편이라고 생각합니까?

7. 협조정신이 있다고 생각합니까?

8. 어떤 타입을 좋아합니까?

9. 지금까지 좌절감을 맛본 적이 있습니까?

10. 대인관계를 잘 유지할 자신이 있습니까?

11. 당신은 어떤 버릇이 있습니까?

12. 일을 시작하면 끝까지 합니까?

13. 물건 파는 일도 자신이 있습니까?

! 기타 받을 수 있는 질문들

▣ **직업의식**

1. 당신에게 직업은 어떤 의미를 갖습니까?

2. 입사하면 어떤 일을 하고 싶습니까?

3. 희망부서에 배치되지 않을 경우에는 어떻게 하겠습니까?

4. 희망하는 근무지가 있습니까?

5. 휴일 근무를 어떻게 생각합니까?

6. 일과 개인생활 중 어느 쪽을 중시합니까?

7. 당신의 특성을 일에서 어떻게 살릴 생각입니까?

8. 입사 후 다른 사람에게 절대로 지지 않을 만한 것이 있습니까?

9. 회사에 대해 질문하고 싶은 것이 있습니까?

10. 신입사원으로서 마음 써야 할 것은 어떤 것이라고 생각합니까?

11. 비즈니스 사회에서 가장 중요한 것은 무엇이라고 생각합니까?

12. 우리 회사에서 언제까지 근무할 생각입니까?

13. 어떤 사람을 상사로 모시고 싶습니까?

14. 첫 월급을 타면 어디에 쓸 겁니까?

15. 출근 시간은 어떤 의미를 갖는다고 생각합니까?

16. 학생과 사회인의 차이점은 무엇이라고 생각합니까?

17. 상사와 의견이 다를 때는 어떻게 하실 겁니까?

18. 자기주장과 협조성에 대해서 어떻게 생각합니까?

▣ **인생관**

1. 취미가 무엇입니까?

2. 스포츠를 좋아합니까?

3. 주량은 어느 정도입니까?

4. 쉬는 날에는 시간을 어떻게 보내고 싶습니까?

5. 부모님을 떠나 생활해 보니 어떻습니까?

6. 최근에 읽은 책의 감상을 말해 주십시오.

7. 지금 제일 원하는 것은 무엇입니까?

8. 요즘 만나고 싶은 사람이 있다면 누구입니까?

9. 부모님에 대해 어떻게 생각하십니까?

10. 20대의 각오에 대해 말해보십시오.

11. 최근에 흥미 있는 뉴스는 무엇입니까?

12. 존경하는 사람은 누구입니까?

13. 당신의 생활신조는 무엇입니까?

14. 한 달에 용돈을 얼마나 씁니까?

15. 돈, 명예, 일 중 어느 것을 택하겠습니까?

16. 건강관리를 위해 어떤 것을 하고 있습니까?

17. 요즘 젊은 사람에 대해 어떻게 생각합니까?

18. 5년 후 어떤 생활을 보내고 있을 것이라고 생각합니까?

■ 일반상식, 시사

1. 기업의 사회적인 책임에 대해서 말씀해 주십시오.

2. 기업의 구조조정에 대한 견해를 말씀해 주십시오.

3. 환경보호에 대해 어떻게 생각하십니까?

4. 관광업체 미투(MeToo) 문제에 대해 어떻게 생각하십니까?

5. 미세먼지 발생의 원인과 대처 방안에 대해 어떻게 생각하십니까?

6. 한류에 대해 설명해 보십시오.

7. 우리나라의 지진발생 가능성에 대해 어떻게 생각하십니까?

8. 교대근무에 대해 어떻게 생각하십니까?

■ **대학생활, 친구**

1. 학창시절에 무엇엔가 열중했던 적이 있습니까?

2. 무엇을 전공했습니까?

3. 어떤 동아리 활동을 했습니까?

4. 대학시절에 취득한 자격증이 있습니까?

5. 아르바이트를 한 적이 있습니까?

6. 학점이 좋지 않은데 이유가 무엇입니까?

7. 대학생활에서 얻은 것이 있다면 무엇입니까?

8. 제일 좋아하는 과목은 무엇입니까?

9. 친하게 지내는 친구에 대해 이야기해 보십시오.

10. 친구는 당신에게 어떠한 존재입니까?

11. 친한 친구가 몇 사람 있습니까?

12. 친구들은 당신을 어떻게 보고 있습니까?

13. 친구들에게 의논을 받는 편입니까?

■ **뜻밖의 질문**

1. 1년 공백 기간 동안 무엇을 하였습니까?

2. 우리 회사에 맞지 않는 것 같은데요.

3. 취직할 생각이 있는 겁니까?

4. 지금 그 말은 무책임한 말 아닙니까?

5. 1천만원이 갑자기 생기면 어떻게 사용하겠습니까?

6. 친구끼리 붙들고 싸우면 어떻게 하겠습니까?

7. 열의가 느껴지지 않는데?

8. 주위사람들이 당신의 험담을 한다면?

9. 갑자기 돈이 필요하다면 어떻게 하시겠습니까?

10. 이 장소에 불이 났다면?

11. 다시 태어나면 무엇이 되고 싶은가요?

> **!** **지원동기 부분에서 받을 수 있는 질문**

1. 우리 회사를 지원한 이유를 말씀해 주십시오.

2. 회사를 선택할 때 중요시하는 것은 무엇입니까?

3. 우리 회사에 대하여 알고 있는 것에 대해 모두 말씀해 주십시오.

4. 추천인과는 어떤 관계에 있습니까?

5. 다른 회사에도 응시했습니까?

6. 우리 회사에 채용이 안 되면 어떻게 할 겁니까?

7. 지망회사를 결정하기 위하여 누구와 상담했습니까?

8. 가업을 이어받지 않아도 됩니까?

9. 우리 회사 같은 중소기업을 택한 이유는 무엇입니까?

10. 왜 지방 기업에 취직하려고 합니까?

11. 우리 회사의 장단점을 아는 대로 말씀해 주십시오.

12. 우리 회사제품을 어떻게 생각하십니까?

13. 집에서 회사까지 교통편이 어떻습니까?

3) 성격의 장·단점 - 본인의 장점, 성격의 장점 등

장점을 묻는 질문에 대부분의 지원자들은 너무 성격 장점에만 집중하는 경향이 있다. 다만, 성격 장점이라는 구체적인 질문이 아니라면 굳이 성격 장점이 아니라 지원직무와 연관된 학습이 많다든지, 경험이 많다든지의 답변이 오히려 더 긍정적인 인상을 남길 수 있다.

또한 성격 장점이라고 구체적인 질문을 받는다면 성실, 꼼꼼, 책임감, 주인의식 등의 판에 박힌듯한 답변보다는 조금 더 다른 표현, 즉 세밀하다, 분석적이다, 문제해결 능력이 있다는 등으로 조금 더 전문적인 느낌이 나는 표현으로 답변하는 것이 좋다.

아울러 막무가내로 장점을 나열하기 보다는 사례를 들거나 근거를 들어 본인의 장점을 어필하는 것이 좋다.

단점이 무엇인가에 대한 질문에는 장점 같은 단점, 단점이기는 하지만 직무에는 장점이 될 것이라는 논리로 말하는 것이 좋다. 지원자들의 대부분이 단점인데 보완하여 장점으로 만들겠다고 하지만 기업 입장에서는 단점을 솔직하게 인정하는 것인지를 먼저 파악하기 위한 것일 수도 있기 때문에 일단은 지원직무에 치명적인 단점이 아니라면 솔직하게 인정하고 이것을 보완하는 노력을 언급하면서 지속적으로 개선하고 있다고 답변하면 된다.

4) 성공 경험-각종 경험에 대한 질문(실패, 도전, 팀워크 등)

과거 성적 등 스펙 중심의 채용에서 지원자의 경험 중심의 역량 채용 방식으로 급변하면서 면접 전형에서도 각종 경험에 대한 질문이 많아지고 있는 추세이다. 특히 성공 경험에 대한 질문이 가장 빈번하게 반복되는데, 이 질문에도 왜 질문하는지를 조금 더 고민해 볼 필요가 있다.

실제 누구나 인정할 수 있는 거창한 경험만을 답변하려다 보니 수상 실적이나 성적 등에 집중하는 경향이 강한데, 작고 사소한 경험이라도 무방하다. 또한 그 경험의 결과만에 집중하기 쉬운데, 오히려 지원자가 어떻게 노력하고 행동했는지가 중요하기 때문에 이 부분에 집중해야 한다.

다른 경험들에 대한 질문도 결과가 아니라 지원자의 노력과 행동이 가장 중요하다는 것을 기억해야 한다.

특히 역량을 검증하기 위한 요즘 채용 프로세스상에서는 앞쪽 성공 경험 외에도 실패 경험, 주어진 목표 이상의 도전 경험, 창의적인 문재해결 경험, 팀워크나 의사소통을 발휘한 경험, 직무 관련 경험, 스스로 찾아서 노력한 경험, 주어진 역할 이상을 찾아서 한 경험 등의 다양한 경험을 질문하게 된다.

그렇기 때문에 이 부분을 위해서는 모범 답안을 미리 외워서 준비할 것이 아니라 경험에 대한 다양한 정리가 선행되어야 한다.

05 면접 평가

　기업의 인사담당자들에게는 면접을 볼 때 지원자를 평가하는 지침이 있다. 기업마다 평가지침이 다르지만 인사담당자들이 면접을 할 때 평가하는 요소는 대동소이하므로 평가요소를 알고 면접에 임한다면 면접에 좀 더 좋은 점수를 받을 수 있다.

　인사담당자들의 면접 평가요소는 다음과 같다.

- 채용 후 오래가지 않아 회사를 떠날 사람인가
- 회사(또는 근무부서 내)에서 인정받을 수 있는 사람인가
- 채용 시 해당 분야의 수준을 높일 수 있는 사람인가
- 내부(상사나 관련부서)에서 인정받을 수 있는 사람인가
- 외부(고객)에서 주로 인정받을 수 있는 사람인가
- 회사의 정서(문화)에 맞는 사람인가
- 후보자의 강점이 회사의 필요와 수준에 일치하는가
- 회사가 중요시하는 좋은 학력을 가지고 있는가, 적어도 전공과목 중에 특정 분야에 좋은 성적을 가지고 있는가
- 오히려 회사가 원하는 것은 좋은 학력보다 좋은 경력(실적 등)인데 후보자가 그러한 경력을 가지고 있는가
- 면접관의 취향에 맞는 사람인가(http://cafe.daum.net/shineprmini0A0)

　또한 면접 시 평가는 인성평가와 직무능력평가를 한다. 인성평가는 용모와 태도, 자기표현력, 사회성, 조직 적응 및 발전가능성을 평가하며, 직무평가는 직무역량을 평가한다.

표 4-4 **면접평가 기준표 예시**

구분	평가항목	면접요소	체크포인트	가중치
인성평가	용모 및 태도	• 외모, 인상, 복장 • 태도(인사성, 자세)	• 눈빛, 혈색, 복장 및 전체적 인상 • 인사성, 안정성, 활달성 • 자세 및 질문대답 관찰	10%
	자기 표현력	• 표현력 • 사고능력 범위	• 음색, 어조 등 • 정확한 어휘구사, 문제의 핵심접근 정도 • 질문의 이해도, 일관성 있는 답변, 사고방식의 다양성	10%
	사회성	• 가정환경 및 학교생활 • 가치관 • 생활태도	• 성장과정, 가풍, 동아리(동호회) 활동, 여가선용 방법 등 • 생활신조, 좌우명, 바람직한 직장인 상 • 귀가시간, 주량/흡연 정도, 취미생활 등	20%
	조직 적응 및 발전 가능성	• 사고방식의 긍정적 여부 • 적극성, 협조성, 창의성 • 리더십, 입사 후 포부	• 경제상황에 대한 견해, 노사관계 개념 등 • 적성에 맞지 않는 업무, 동료 및 선후배 간의 의견 대립 • 리더경험, 친구관계, 입사 후 목표 직위 등	20%
직무평가	공통 직무 역량	• 의사소통능력 • 정보분석능력 • 경영의식	• 위기상황 대처법 또는 도전 사례 • 회사에 대한 지원자의 생각 • 회사의 비즈니스 모델 및 상품에 대한 질문 • 본인이 추후 필요로 하는 교육 및 전문성을 지닌 분야 • 해당 이슈를 해결하기 위한 지원자의 접근방식	40%

기업에서 면접을 하는 목적은 다음과 같다.

첫째, 지원자의 업무 수행 능력을 평가하고자 한다.

면접을 통해 업무상 현재와 미래의 성공을 위한 필수요건과 지원자의 스킬, 능력을 정확하게 비교 평가할 수 있는 정보를 수집한다.

둘째, 지원자가 직무에 적합한지 평가한다.

최고의 숙련자라 하여도 반드시 타 업체의 작업 환경에서도 최상의 능력을 발휘한다는 보장은 없다. 면접을 통해 복잡한 업무 내용, 사내 문화, 근무 환경, 직장동료에 대한 지원자의 적응력을 판단할 수 있다.

셋째, 현실적인 사전 직무점검의 기회를 제공한다.

면접은 직장생활을 솔직하고 간단하게 보여줄 수 있는 유일한 기회이다. 지원자에게는 직무에 관한 의문점을 해결할 수 있는 기회이기도 하다. 따라서 터놓고 대화함으로써 직무에 적합한 지원자에게 입사하도록 격려하고, 적합하지 않은 지원자에게는 스스로 물러나도록 할 수 있다. 신입사원이 "진작 그것을 알았다면 입사하지 않았을텐테……"라고 말하는 최악의 상황을 미리 예방할 수 있다.

넷째, 해당 직무를 홍보한다.

최고의 인재를 영입하려는 경쟁은 매우 치열하다. 면접하는 동안 지원자에게 호감을 살 수 있는 직무상의 장점을 효율적으로 언급해야 한다. 많은 기업들이 훌륭한 복리후생제도를 지원자에게 소개하는 일을 소홀히 하고 있다. 승진기회, 연금제도, 연수기회, 보육시설, 헬스클럽 회원권, 학자금 지원 등 매혹적인 혜택을 알리고, 회사의 수상 경력과 유연한 근무시간에 대해서도 언급하자.

다섯째, 지원자에 관한 정보자료를 완성한다.

대부분의 지원자는 이미 지원서를 작성하여 제출하였다. 면접은 지원자의 관심 분야에 대해 좀 더 자세히 알고, 누락된 정보를 마저 얻을 수 있는 절호의 찬스이다. 특히 특정 기술을 요하는 전문직일 경우에는 더욱 유익하다.

지원서에 얼마나 상세하고 정확한 정보를 제공하느냐는 지원자에 따라 크게 다르다. 언뜻 중요한 듯 보이는 정보도 '나머지 내용'을 읽고 나면 신통치 않은 정보인 경우가 있는 반면, 별로 대단하지 않은 듯한 이야기가 결국에는 매우 중요한 정보가 되기도 한다.([시너지 인사이트] 31. 면접의 중요성과 5가지 목적, 작성자 복숭아둘째 https://blog.naver.com/kskmmmm1/220735106682)

 표 4-5 **면접평가 점수표 1**

구분		등급	점수	내용
우수하다		A	5	채용
보통이다	상	B+	4	채용검토 (채용예정인원을 고려하여 순위별 채용)
	중	B	3	
	하	B-	2	
부족하다		C	1	채용인원이 부족할 시 채용
채용불가		D	0	면접위원이 1개 항목이라도 D등급으로 평가한 경우

평가항목	세부내역	평가					
		A	B+	B	B-	C	D
		5	4	3	2	1	0
근무적성 평가 면접위원	① 성실하며 신뢰할 수 있는가? ② 의지가 강하고 자신감이 있는가? ③ 활기가 있고 적극적인가? ④ 지구력과 인내심이 있는가? ⑤ 긍정적 사고를 가지고 있는가? ⑥ 기타						
평가				(	)		

평가항목	세부내역	평가					
		A	B+	B	B-	C	D
		5	4	3	2	1	0
지적능력 평가 면접위원	① 면접위원의 질문을 정확히 이해하고 있는가? ② 업무와 연계하여 활용할 수 있는 지식이 얼마나 있는가? ③ 시사용어 및 최근의 핫이슈에 대한 상식이 있는가? ④ 기타						
평가		( )					
표현능력 평가 면접위원	① 정확한 어휘를 구사하며 문제의 핵심에 접근하는가? ② 목소리에 힘이 있는가? (자신감의 정도) ③ 말이 너무 빠르거나 충동적이지 않은가? (성급, 저항적) ④ 말을 더듬지는 않는가? (초조감) ⑤ 자신이 표현하고자 하는 바를 간단명료하게 대답하는가? ⑥ 기 타						
평가		( )					
품행평가 면접위원	① 눈빛이 맑고 눈에 생기가 있는가? ② 얼굴에 화색이 돌며, 타인에게 친근감을 줄 수 있는 인상인가? ③ 신체에 균형이 잡혀 있으며, 복장은 건전한 직장인에게 어울리는 것인가? ④ 보행 자세와 앉는 자세가 안정되어 있는가? ⑤ 대답 시의 행동에 OVER ACTION이나 초조함은 나타나지 않는가? ⑥ 인사하는 태도는 예의에 맞고 정중한가? ⑦ 자질 보유 여부, 평소의 건강, 군 면제자의 경우 구체적인 면제사유는? ⑧ 기타						
평가		( )					

표4-6 면접평가 점수표 2

평가항목	세부내역	평가					
		A	B+	B	B-	C	D
		5	4	3	2	1	0
표현능력 평가 면접위원	① 정확한 어휘를 구사하며 문제의 핵심에 접근하는가? ② 목소리에 힘이 있는가? (자신감의 정도) ③ 말이 너무 빠르거나 충동적이지 않은가? (성급, 저항적) ④ 말을 더듬지는 않는가? (초조감) ⑤ 자신이 표현하고자 하는 바를 간단명료하게 대답하는가?						
(소계)	평가점수						
품행평가 면접위원	① 눈빛이 맑고 눈에 생기가 있는가? ② 얼굴에 화색이 돌며, 타인에게 친근감을 줄 수 있는 인상인가? ③ 신체에 균형이 잡혀 있으며, 복장은 건전한 직장인에게 어울리는 것인가? ④ 보행 자세와 앉는 자세가 안정되어 있는가? ⑤ 인사하는 태도는 예의에 맞고 정중한가? ⑥ 기타						
(소계)	평가점수						
(총점)	평가점수						

06 외국어 면접

채용 과정에서 가장 큰 어려운 부분 중 하나는 영어 면접이다. 관광서비스업체의 경우 외국인을 접하는 직무가 대부분이기 때문에 영어 면접이 면접 전형에서 필수이다. 따라서 이에 대한 대비를 철저히 해야 한다.

영어 면접을 위해 자기소개를 달달 외우고 또 외우겠지만 실전 면접에서는 꿀 먹은 벙어리가 될 수 있다. 영어공부를 할 때 단어를 많이 외우는 암기 위주로 공부를 주로 해왔기 때문에, 때로는 자신이 원하는 바를 마음껏 표현하지 못하기 때문이다. 성공적인 영어 면접을 위해서는 영어를 단순히 외우기보다는 연습을 통해 내 것으로 만들어야 한다.

(1) 영어 면접 준비하기

영어 면접을 자신 있게 하려면 첫째 영어 면접 환경과 친해져야 한다. 우선 영어 면접에 앞서 낯선 영어 면접 상황을 조금이라도 익숙하게 만드는 것이 중요하다. 또한, 단순히 본인 자신에 대해서만 어필하거나 수동적으로 면접관이 묻는 질문에 답하기보다는, 자신의 의견을 피력하거나 역으로 면접관에게 질문을 던지는 등 더욱 적극적인 자세를 보여주는 것이 좋다.

그리고 자신의 의견을 자신 있게 전달하거나 면접을 보는 회사에 대한 질문을 유창하게 하려면 사전 준비는 필수이다. 원어민과의 실전 모의 인터뷰(mock interview) 또는 언어 교환 프로그램을 통해 유용한 표현들을 미리 배워두는 것이 좋다.

또한 회사의 영문 웹사이트를 방문하는 것도 중요하다. 회사가 어떤 영어 표현을 사용해 회사에 대해서 이야기하는지 알 수 있고, 회사의 기업 문화 또는 운영 방법에 대해서 이해할 수 있으며, 웹사이트 내용을 바탕으로 인터뷰 도중 면접관에게 적합한 질문을 할 수도 있다. 그리고 주위에 영어로 이야기할 사람을 찾기 힘들다면 유명인사들의 실제 인터뷰 영상 등을 보면서 영어와 친해지자. 또, 자신이 지원한 직책에서 요구되는 단어들을 면접 때 의식적으로 사용해보자. 면접관에게 '준비된 지원자'라는 인식을 줄 수 있을 것이다.

무엇보다 중요한 것은 자신감이다. 아무리 영어가 완벽한 지원자라도 자기가 생각하고 있는 것을 자신 있게 말할 수 없다면 지원자에 대한 관심은 떨어질 수밖에 없다. 외국인 면접관이든 한국인 면접관이든 큰 목소리로 자신 있게 자신의 역량을 전달하는 것이 중요하다.

알아보기 **영어 면접 항목별 예상 질문 1**

● **인사말**

인사말은 정확하고 자연스럽게 할 수 있어야 한다. 서양인들은 별로 대수롭지 않은 것이라 해도 고맙다거나 하는 감정의 표현이 몸에 밴 기본예절일 뿐만 아니라 그 표현도 다양하다. 대수롭지 않은 것이니 해도 그만, 안해도 그만이라는 태도는 절대 금물이다. 특히 다음과 같은 표현들을 익혀두어 상황에 따라 자연스럽게 쓸 수 있도록 많은 연습을 하기 바란다.

● **상대방의 호의와 본인의 실수에 대하여**

- Thank you very much. (대단히 감사합니다)

- How nice of you to say so! (그렇게 말씀하시니 참 고맙습니다)

- Excuse me. I am sorry. (실례했습니다, 죄송합니다)

- A thousand pardons for... (...해서 정말 죄송합니다)

- **상대방의 감사에 대한 응답**

  - You are (quite) welcome. (천만의 말씀입니다.)

  - Don't mention it. (천만에요, 원 별말씀을)

  - Not at all (뭘요)

  - It's nothing at all (뭐 아무것도 아닌걸요)

- **대답은 정중하게**

  질문에 대한 대답은 Yes/No 만으로 너무 간단하게 끝내는 것보다 Yes, I do 또는 No, I don't 와 같이 하는 것이 바람직하다. What would you do, if ~ ? (만일 ~인 경우에는 어떻게 하시겠습니까?)로 물을 때의 대답은 'I would ~ '로 시작해야 한다.

- **대답은 구체적으로**

  미국 어린이들에게 '너희 아버지는 부자니, 가난하니?' 하고 물어보면 그 대답은 상당히 구체적이다. 즉, 'My father gets $250 a week(주급 250달러)' 또는 'My father makes (earns) $ 15,000 a year' (연봉 15,000달러)' 등과 같이 대답한다. 그러한 환경에서 자라고 그런 말에 익숙한 미국인들에게는 무엇이든지 구체적으로 표현해 주지 않으면 애매한 느낌을 갖게 되기 마련이다.

- **개인적인 신변을 묻는 질문**

  질문보다 너무 간단하게 대답하면 면접관이 당황한다. 기본내용에 살을 붙인다.

  - May I have your name, please?

  - Where were you born?

  - Where is your family from?

  - What is your present address?

  - How many are there in your family?

  - Please tell me about your family.

  - Tell me a little bit about yourself, please.

  - What school did you graduate from?

  - Would you briefly introduce yourself please?

- How long does it take to arrive at this office from your home?

● 질문을 알아듣지 못했을 때

영어로 면접을 받다보면 질문을 제대로 알아듣지 못해서 당황할 때가 있다. 이럴 때 다시 한 번 말해 달라고 부탁할 때는 'Beg your pardon, sir'라고 말하면 된다. 면접이 상당히 진행 되었을때에 한 두마디의 말을 알아듣지 못했다면 'Pardon, sir.' 이라고만 해도 좋다. 물론 어느경우에나 말끝을 올려야 한다. 또 잘못 들었으면 그 즉시 다시 물어야 한다. 생각하는 척 하다가 'What?' 이라든가 'What did you say?'하고 천연덕스럽게 물어보면 면접관에 불쾌한 인상을 주게 된다. 단어나 발음을 알아듣지 못했거나 문장이 어려워 질문의 내용을 정확히 이해하지 못했을 때는 ……

- I am sorry I couldn't follow you.
- Would you say that again. sir?
- Would you mind saying it again, sir?

● 대답하기 어려운 질문을 받았을 때

대답하기 어려운 질문을 받게 되면 누구나 머뭇거리게 되는 게 보통이다. 그러나 답변을 준비하는 동안 질문을 한 면접위원에 대해 전혀 반응을 나타내지 않는다면 면접위원은 대답하고 싶지 않은 것으로 판단해 버리고 다른 질문을 진행할지도 모른다. 그러므로 대답을 하겠다는 의도를 어떠한 형태로든 명확히 해야 할 필요가 있다. 이를 위한 테크닉을 2~3개 정도 소개해 본다.

우선 잠자코 있지 말고 'er' 이라고 하면서 대답할 말을 찾고 있음을 보여야 한다. 그러나 우리식의 '에'라든가, 이 사이로 '스'하고 숨을 들이 켜는 버릇은 좋지 않다. 둘째 완전한 sentence를 만들려는 생각에 간격을 너무 두어서는 안 된다. 적어도 sentence의 첫 부분 정도는 말하고 난 후 간격을 두어야 상대방은 대답이 끝날 때까지 기다려 줄 것이다. 즉,

Q: What would you recommend in this situation?

A: I would recommend that the matter should be reconsidered.

또 한 가지는 위의 두 가지 방법을 결합하는 것이다. 즉, 적당한 부분에서 끊어, 'er'하고 소리를 그 사이 사이에 넣어가면서 이야기하는 것이다. 이 방법은 외국인이 너무 빠른 속도로 이야기를 해 잘 알아듣지 못할 때 이야기 속도를 늦추는 방법으로 쓰인다.

● **상대방의 말에 맞장구를 칠 때**

미국 사람들은 대화할 때, 상대방의 말에 대해서, Um hm이라고 맞장구를 치는 버릇이 있다.
이것은 우리말의 '아 … 네', '그렇지요' 같은 것으로서 대화를 부드럽게 연결시켜 주는 역할을 한다.

'That's just right'(그렇고 말고요)

'I think so' 등의 표현을 써도 좋고, 이밖에

'I understand, Is that so (right)?' 등도 같은 표현이다.

이와 같은 표현들은 남발하는 것은 좋지 않으나, 적절할 때에 사용하는 것이 대화의 분위기상 좋은 효과를 줄 수 있다. 일반적으로 사용되는 맞장구의 표현으로서 상대방이 말한 문장의 주어와 동사만을 받아 말하는 방법도 있다.

출처: http://smileon.tistory.com/69 [은방울꽃의 휴먼연구소]

(2) 영어 면접의 3단계

첫 번째, 지원분야에 따른 예상 질문과 답변 리스트를 준비하고 실제 원어민과 함께 같이 연습을 하며 질문하고 대답하는 연습을 한다.

두 번째, 예상리스트에 없는, 즉 준비하지 못했던 돌발 질문을 받았을 때 당황하지 않도록 연습하며 알맞은 응답을 준비한다.

세 번째, 앞서 준비했던 모든 과정을 전문가의 피드백을 받아 수정하고 다시 반복 연습하는 것으로 마무리한다.

출처: 영어 인터뷰 준비 필수코스 꿀팁|작성자 Ethne

알아보기 **영어 면접 항목별 예상 질문 1**

● **취미나 기호에 대한 질문**

누구나 대답할 수 있는 지루한 취미는 될 수 있으면 피하고, 개성 있는 취미 한두 가지만 대답하자.

- Do you smoke or drink?

- What kind of books do you like?

- How do you spend your leisure time?

- What type of books have you read recently?

- What kind of hobbies do you have?

- What's your favorite sports?

- How do you spend your free time?

● **학창시절에 대한 질문**

여러 단어가 결합한 한국말을 직역하여 영어로 영작하지 마라. 일반명사나 비슷한 뜻의 다른 단어를 대체해서 대답하는 것이 좋다.

- When you were a student, was there anything you got really seriously involved in?

- Were you involved in any club activities at your university?

- Why did you major in Korea literature and language?

● **특기사항에 대한 질문**

구체적인 스킬이나 능력을 자세하게 서술하는 것이 좋다.

- Do you have any special skills?

- Do you have any licenses or other special qualifications?

- Can you use computer?

● **경력에 대한 질문**

지난 직장에 대한 경력은 회사에서 가장 궁금해 하는 것 중에 하나, 될 수 있으면 구체적인 업무와 성과 중심으로 답해라.

- What first got you interested in this sort of work?
- Do you have any particular conditions that you would like the company to take in to consideration?
- What did you like least about your last position?
- What do you work in your company?
- What did you have project in your company?
- What did you learn in your last position?
- What do you consider your outstanding achievements?
- Do you have management ability? Describe.
- What experience do you have in this field?
- What did you learn(or gain) from your past work experiences?
- In what type of position are you most interested?
- What interests you most about this position?
- What skills do you want to learn or improve?
- Why do you think you would enjoy this kind of work?

● 지원동기나 지원회사에 대한 질문

미리 이 회사에 대한 정보를 영어로 간단하게 정리해 두는 것이 필요. 회사의 특성을 잘 파악하여 그것이 지원동기와 연결될 수 있도록 설명해라.

- What made you choose this company?
- What was it that made you decide to choose this company?
- What made you pick this company?
- How did you hear about the job?
- Why are you interested in this company?
- Why do you want to join to our company?
- Why do you want to leave your present job?

- What's your general impression of our company?

- Could you tell me any negative thing you're heard about our company?

- Tell me what you know about our company.

- What do you know about my company?

● **영어 사용능력에 대한 질문**

너무 겸손하게 대답할 필요는 없지만 과장될 경우 마이너스로 작용할 수 있다.

- Can you make yourself understand in English without too much difficulty?

- What have you done to improve your English skill?

- How do you compare your spoken English with your written English?

- Can you communicate in English?

● **직업관에 대한 질문**

직업관을 통해 일에 대한 열정과 인생관을 드러낼 수 있으므로 확실한 소신을 보여야 한다.

- Tell me what you think a job is.

- What do you feel is essential to having a successful business environment?

- What do you believe are universal characteristics of successful organizations?

- Describe the planning and decision-making processes important to successful business operations.

- What success do you expect as a professional woman?

- How do you feel about independence?

- Tell me about your career goals.

- Where do you expect to be ten or twenty years from now on.

- Where do you see yourself in 5 years? (What are your goals, where would you like to be in five years?)

- What are you long term career objectives?

- What is your definition of success?

- How do you define success? How 'successful' have you been?

- How hard do you work to achieve your objectives?

- How would you describe your over all business philosophy?

● 특성과 개성에 대한 질문

형용사를 쭉 나열하기 보다는 상황 안에서 스토리가 있게 설명해라.

- How would you describe yourself?

- What words best describe your personal style?

- Which of your personal traits and characteristics do you feel have

- What is most hindered your career progress?

- In your most intimate conversations with family or close friends, what have people said they most like about you?

- Of which of your personal traits and characteristics are you most proud, and why?

- What kind of personality do you think you have?

- Would you describe as outgoing or more reserved?

- What would you say are some of your faults and strong points.

● 면접을 마치는 마무리 대사

마지막 인사에 대하여 간단한 답례를 하고 질문사항이 있으면 잊지 말고 간단명료하게 물어보자.

- I've enjoyed talking with you. sir.

- It's been very nice to talk with you.

- Thank you for your time. Would you be able to start working right away?

출처 : 한국커뮤니케이션코치협회

출처: http://smileon.tistory.com/69 [은방울꽃의 휴먼연구소]

(3) 일본어 면접

　한국을 방문하는 일본관광객의 감소세가 지속되고 있지만, 인바운드 방문객 중 2번째로 많은 관광객은 바로 일본관광객이다. 일본을 방문하는 한국인 관광객의 증가세는 지속되고 있으며, 이와 함께 최근 일본 관광관련업체로 취업을 원하는 취업준비생이 증가하고 있다.

　일본의 면세점, 호텔, 여행사 취업을 원하거나, 국내 호텔, 면세점, 인바운드 여행사 취업을 준비하는 경우 일본어 면접 준비가 필요하다. 일본어 면접에서는 자기소개, 한국과 일본의 차이, 한국의 강점, 좋은 부분, 장래희망, 본인의 장점과 단점, 마지막으로 하고 싶은 말 등을 중심으로 준비한다.

- 자기소개
- 영어 등 다른 외국어가 아닌 일본어를 선택해 공부한 동기
- 입사 후 어떤 마인드로 임할 것인지
- 우리 회사는 여러 단점(연봉. 회사위치. 교대근무 등)이 있는데, 그것에 대해 어떻게 생각하나
- 인간관계로 문제가 생겼을 때 어떻게 할 것인지(출처: https://ddokchi.tistory.com/4376)
- 당신이 생각하는 좋은 기업의 조건은
- 대학시절, 동아리활동, 아르바이트, 인턴 경험
- 존경하는 인물

会社での面接

面接官： 金さん、お入りください。
면접관 : 김상, 들어 오세요.

わたし： こんにちは、金でございます。よろしくお願いいたします。
나 : 안녕하세요. 김입니다. 잘 부탁드리겠습니다.

面接官： こんにちは、こちらへどうぞ。
면접관 : 안녕하세요, 이 쪽으로 오세요.

わたし： はい。
나 : 네

面接官： 金さんはどれぐらい日本語の勉強をされましたか。
면접관 : 김상은 얼마나 일본어 공부를 하셨나요?

わたし： 韓国で日本語学校に6か月ほど通っていましたが、もう少し勉強したくて、日本にある
日本語学校にも3か月ほど通いました。
나 : 한국에서 일본어학원을 6개월 정도 다녔는데, 좀 더 공부하고 싶어서 일본에 있는 일본어학원
도 3개월 정도 다녔습니다.

面接官： そうですか。9か月しか通っていないのに、日本語がお上手ですね。
면접관 : 그래요? 9개월밖에 안 다녔는데, 일본어 잘하시네요.

わたし： いえいえ、まだまだです。
나 : 아니에요, 아직 멀었어요.

面接官： 何か資格とか持っていますか。
면접관 : 뭔가 자격증 같은 거 갖고 있나요?

わたし： 日本語能力試験2級を持っていて、エクセルと運転ができます。
나 : 일본어능력시험 2급을 가지고 있고, 엑셀과 운전을 할 줄 압니다.

面接官：そうですか。

면접관 : 그래요?

　　　　どうして弊社に志願するようになりましたか。

　　　　왜 저희 회사에 지원하게 되었나요?

わたし：日本に来る前から日本の貿易会社で働きたいと思っておりました。

나 : 일본에 오기 전부터 일본 무역회사에서 일하고 싶다고 생각하고 있었습니다.

　　　　できれば日本語と韓国語、両方使える会社を探していました。

　　　　가능하면 일본어와 한국어, 둘 다 쓸 수 있는 회사를 찾고 있었습니다.

面接官：そうですか。ちょうど日本語と韓国語ができる人を募集していたので、よかったですね。

면접관 : 그래요? 마침 일본어와 한국어를 할 수 있는 사람을 모집하고 있는데 잘 됐네요.

　　　　今持っているビザのタイプは？

　　　　지금 갖고 있는 비자타입은 뭔가요?

わたし：留学生ビザです。ことしの１２月までのビザです。

나 : 유학생 비자입니다. 올해 12월까지 (있을 수 있는)비자입니다.

面接官：まだ8か月ほど残っていますね。いつまで日本にいるつもりですか。

면접관 : 아직 8개월 정도 남았네요. 언제까지 일본에 있을 생각입니까?

わたし：できればずっと日本で働きたいです。

나 : 가능하면 계속 일본에서 일하고 싶습니다

面接官：そうですか。かしこまりました。

では、あさってまでにご連絡しますので、よろしくお願いします。

면접관 : 그렇군요. 알겠습니다. 그럼 모레까지 연락드릴 테니, 잘 부탁합니다.

出処: http://cafe.daum.net/osakalife/Lkxl/20?q=일본어면접

(4) 중국어 면접

　　인바운드(외국인의 국내여행) 관광시장을 주도하는 국가가 달라지고 있다. 중국 관광객이 증가함에 따라 중국어에 대한 중요성이 더욱 커지고 있다. 관광서비스업체의 경우 면세점, 호텔 및 인바운드 여행사를 중심으로 중국어 자격증 소지 및 회화 가능한 인재를 필요로 하고 있다.

　　면접 시에는 중국어 자기소개(학교, 전공 등), 지원동기 등 이력서와 자기소개서에 작성한 내용을 중심으로 중국어로 질문과 대답을 만들어 연습한다.

1) 한국에 관한 질문과 답변 예

① **我国有哪些著名的特产品？外国游客比较喜欢韩国的什么东西？**

　　我国有很多著名的特产品，其中最受欢迎的是人参、丝绸、香菇、毛毯、皮革制品。这些都是外国外国旅客比较喜欢的特产品。其他还有仿古的陶瓷器、竹器、漆器和物美价廉的手工艺品也都广受外国游客的喜爱。

② **请介绍一下，由联合国教科文组织指定的我国世界文化遗产是什么？**

　　我国世界文化遗产是庆州的石窟庵和佛国寺等遗址、海印寺的八万大藏经板、汉城的宗庙、昌德宫、水原的华城、江华岛一带的支石墓。

③ **请你介绍汉城的名胜古迹。**

　　汉城的名胜古迹很多。

　　市内 ：有景福宫、昌德宫、昌庆宫、德寿宫、宗庙。

　　市郊 ：有板门店、民俗村、水原城等。

2) 모의 면접시험

(注 ：A为考生、B为老师)

B: 你认为当一名导游，应该具备哪些条件？

A: 我认为当一名导游，最基本的条件是：第一，身体健康， 第二，语言能力强，第三，态度亲切大方，第四，学识丰富。

B: 你去过中国吗？

A: 我去过长白山、北京、西安、杭州、苏州、桂林、内蒙等地，这些地方都让我难忘。

B: 那么你介绍一下紫禁城。

A: 紫禁城，又称北京故宫，位于北京中心，是明清时代24位皇帝所居住过的皇宫。北京故宫建于明朝永乐十八年，至今已有500多年的历史。 紫禁城总面积为72万平方米，里边有9999.5个房间，是世界上规模最大、保存最完整的宫殿。紫禁城主要分为外朝和内庭两部分。 前朝有太和、中和、保和三大殿，是皇帝办理政务、举行朝会和典礼的场所；内庭有乾清宫、交泰殿及御花园，是皇帝进行日常活动及后妃游玩的地方。……

出처: http://cafe.daum.net/pjj4000/lif4/27?q=관광중국어면접

알아보기 관광업체 면접 시 참고할 면접 예상 질문 리스트

- 지원동기
- 자기소개
- 20년 후 미래 모습
- 면접을 위해 준비한 것
- 최근에 본 기사
- 취미나 특기
- 최근에 인상 깊게 본 영화
- 지원하는 업체(회사)에 대해 아는 것
- 가장 좋아하는 스포츠
- 좋아하는 운동 OR 자신 있는 운동
- 지원하는 업체에 대한 첫인상 + 업체에 대해 알게 된 계기
- SNS에 대한 자신의 의견
- 최고의 호텔리어란?
- 가고 싶은 외국 호텔
- 호텔에서 하고 싶은 일
- 호텔리어가 되기 위해 가장 중요한 것
- 중국인에게 추천하고 싶은 음식
- 중국인에게 추천하고 싶은 여행지(서울에서)
- 가장 행복하다고 느끼는 순간
- 지금까지 도움을 준 사람들 중 생각이 많이 나는 사람에게 하고 싶은 말
- 본인이 만들고 싶은 여행상품
- 우리나라 관광지 3개
- 마지막 할 말
- 롤모델
- 스트레스 해소법
- 10년 후에는 무엇을 할지
- 본인의 장점과 단점
- 인생에서 가장 중요하다고 생각하는 3가지

관광
서비스업
취업뽀개기

Appendix
부록

01 업체별 지원서 양식

▣ 하나투어 입사지원서 양식

입 사 지 원 서

사 진	성 명	한글) 漢字) 영문)				
	주민등록 번호			성 별	남 · 여	
	주 소					
	전화번호		국가보훈여부	대상( ) 비대상( )		
	호적관계	호주와의 관계		호주성명		

학력사항	재학기간	학교명	전공	학점	소재지
	. ~ .	고등학교			
	. ~ .	(전문) 대학		/	
	. ~ .	대학교		/	
	. ~ .	대학원		/	
	논문제목 :				

병역	필( ) 면제( ) 미필( )		면제사유	
	복무기 간	년 월 일 ~ 년 월 일	군 번	

신체	신 장	cm	체 중	kg	혈액형	형	색맹여부	
	시 력	좌 : 우 :			질병여부			

외국어	외국어명	시험명	응시년월	점 수	컴퓨터	Word/HWP	상 중 하	Excel	상 중 하
						Windows	상 중 하	인터넷	상 중 하
						그 외 프로그램			

가족사항	관계	성 명	생년월일	연령	학 력	근무처 및 직위	동거여 부	출신도
	본 인	형제자매 : 남 녀중 째 결혼여부 : 미혼( ) . 기혼( )						

기타	종 교		주거	자 택	재산	동 산 만원
	취미·특기	.		전 세		부동산 만원
	혈 액 형			기 타		월수입 만원

자 기 소 개 서

성 장 과 정	
성 격 의 장 단 점	
지 원 동 기	
입 사 후 포 부	

▣ 하나투어 자기소개서 질문항목 샘플

지원 업무 : 여행상품 상담

질문 1. 관광산업에 지원하게 된 동기와, '하나투어'가 본인을 선발해야 하는 이유를 구
체적으로 기술하시오. / 500자

답변 1 (500자 이내)

질문 2. 지원한 직무에서 본인의 장점은 무엇이며, 그 장점을 발휘한 경험이 있다면 구
체적으로 기술하시오. / 700자

답변 2 (700자 이내)

질문 3. 고등학교 또는 대학교 성적에 대해 스스로 평가하고, 그렇게 평가한 이유를 구
체적으로 기술하시오. / 500자

답변 3 (500자 이내)

질문 4. 최근 본인의 관심사(관광 및 하나투어 관련 제외)는 무엇이며, 이에 대해 전문가
적 입장에서 기술하시오. / 500자

답변 4 (500자 이내)

▣ 여행박사 입사지원서

(주)여행박사 입사지원서

1. 인적사항

성 명		생년월일		월 일 (만 세)		성 별	남, 여
주 소			연락처	전공학과			
				Home			
				Mobile			
				e-mail			
개인홈피, 블로그, 까페 URL							
트위터		@					

2. 외국어 능력 및 자격사항

외 국 어	수 준			자 격 사 항		
	독 해	작 문	회 화	종 류	취득일자	발행처
일 본 어	상, 중, 하	상, 중, 하	상, 중, 하			
중 국 어	상, 중, 하	상, 중, 하	상, 중, 하			
영 어	상, 중, 하	상, 중, 하	상, 중, 하			
기타( )	상, 중, 하	상, 중, 하	상, 중, 하			
기타( )	상, 중, 하	상, 중, 하	상, 중, 하			

3. 경력사항

년 월 일	근무처명	담당업무	퇴직사유

4. 해외연수 및 여행경험

국 가 명	기간	목 적 & 느낀 점

5. 기타사항

흡연여부	흡연, 비흡연	운전면허증	유, 무	운전경력	년	주 량	
봉사활동	기 간		내 용		주최/장소		

자 기 소 개 서

※ 다음의 주제에 대하여 자유롭게 작성해주시기 바랍니다.

1. 만약에 내가 사장이라면, 나는 여행박사를 이렇게 만들겠습니다.

2. 여행박사에 들어와야만 하는 이유가 무엇입니까?

3. "여행박사에서 나는 이것만은 정말 잘 할 수 있다" 싶은 것은 무엇입니까?

4. 나만의 자랑거리(스포츠, 취미, 특기 등)

5. 내가 추천하는 여행지

6. 여행박사의 상품 중 관심 있는 상품 하나를 골라 고객의 입장에서 상품안내방식의 장

    단점을 평가해 보세요.

    상품코드: / 제목:

7. 입사지원서에 다 쓰지 못한 이야기

▣ 롯데관광개발(주) 입사지원서 양식

○ 기본정보 입력   * 항목은 필수 입력항목입니다.

* 채용구분	2016년 IT지원(ERP/웹개발) 신입 및 경력사원 모집	
* 한글이름		* 영문이름
* 지원구분	◉ 신입 ○ 경력	* 생년월일 ▪생년월일 저장 후 수정 불가능
* 사진첨부	찾아보기... ▪사진의 규격은 103*132pixel이 적절합니다. File 형식은 GIF,JPEG,JPG 만 가능합니다.	
* 현주소	우편번호찾기 ▸ ▪상세주소 : 통, 반까지 자세히 입력해 주세요.	
* E-mail	asd123@gmail.com	
* 전화	'-없이 입력해주세요.'	
* 이동전화	'-없이 입력해주세요.'	
* SNS/블로그주소	☐ 해당사항없음	
* 희망부서	1지망 해외여행사업본부 ▾ 2지망 해외여행사업본부 ▾	* 희망지역 1지망 서울 ▾ 2지망 서울 ▾ * 희망연봉 ◉ 회사 내 규정에 따름 ○ [ ] 만원

○ 학력사항   (우측 +/-를 이용해 입력해 주세요) ➕ ➖

* 입학년월일	* 졸업년월일	* 학교	* 전공	* 학점(평점/총점)	* 학력기타
📅	📅	고등학교 ▾	학과	해당사항없음	주간 ▾ 졸업 ▾
📅	📅	대학교 ▾	학과	[ ] / [ ]	주간 ▾ 졸업 ▾

찾아보기...
▪졸업증명서는 스캔이미지로 File 형식은 GIF,JPEG,JPG,PDF만 가능합니다.

찾아보기...
▪성적증명서는 스캔이미지로 File 형식은 GIF,JPEG,JPG,PDF만 가능합니다.

○ 병역   (여성일 경우 미필)

제대구분	○ 군필 ○ 면제 ◉ 미필 ○ 해당없음	계급	
입대일	📅	전역일	📅

○ 외국어

(우측 +/-를 이용해 입력해 주세요) ➕ ➖

☐ 해당사항없음

외국어명	검증기관	점수	등급
		점	급

○ 연수

(우측 +/-를 이용해 입력해 주세요) ➕ ➖

☐ 해당사항없음

해외연수	국가(장소)	연수목적
📅 ~ 📅		

○ 보훈

보훈 대상 여부	◉ 비대상 ○ 대상 보훈번호 :

○ 자격/면허

(우측 +/-를 이용해 입력해 주세요) ➕ ➖

☐ 해당사항없음

종류	취득일자	발행처
	📅	

○ 수상경력

(우측 +/-를 이용해 입력해 주세요) ➕ ➖

☐ 해당사항없음

수상일	수상명	발급기관
📅		

○ 경력사항

*근무기간은 반드시 경력증명서상의 날짜와 동일하게 입력해 주시기 바랍니다.

(우측 +/-를 이용해 입력해 주세요) ➕ ➖

☐ 해당사항없음

직장명		근무기간	📅 ~ 📅
근무부서		직위	
주요업무			

* 자신의 성장과정	
	0　　　자/(1000자)
* 본인 성격의 장단점	
	0　　　자/(1000자)
* 교내외 활동 (교육이수 및 연수사항)	
	0　　　자/(1000자)
* 지원동기 및 특기사항 (경력사항)	
	0　　　자/(1000자)
* 상세 경력사항	
	0　　　자/(2000자) *경력지원의 경우 상세 경력사항을 2000자 내외로 입력해주세요.
* 입사 후 포부	
	0　　　자/(1000자)

◼ 모두투어 입사지원서

입사지원서(신입)

지원구분		희망직무	희망지역	희망연봉	입사가능시기
신입	1지망			만원	2010년 월 일
	2지망				

	성명	한글		영문		한자	
	주민번호		만( )세	E-Mail			
	자택전화			핸드폰			
	병역	병역구분	군별	복무기간		면제사유	
	거주지						
	부모님 거주지						

신장	혈액형	시력	종교	결혼여부	취미	특기
Cm		좌( ) 우( )				

건강상 특이사항	여권번호	만료일

보훈여부

장애등급

※ 가족사항

관계	성명	연령	학력	근무처	직위	동거여부	비고

※ 학력사항

재적기간(월단위)	학교명	소재지	전공	부,복수전공	성적
	고등학교				
	대학(2,3년재)				/4.5
	대학교(4년재)				/4.5
					/4.5

※ 어학능력

외국어명	시험명	점수(등급)	취득일	어학실용능력 (기준은 4페이지 작성요령 참조)			
				외국어명	독해	작문	회화
영어	TOEIC				1 2 3 4 5	1 2 3 4 5	1 2 3 4 5
	TOEIC SPEAKING						
	1 2 3 4 5	1 2 3 4 5	1 2 3 4 5				
일본어	JPT						
	JLPT				1 2 3 4 5	1 2 3 4 5	1 2 3 4 5
중국어	HSK						
	1 2 3 4 5	1 2 3 4 5	1 2 3 4 5				
기타( )							

※경력및활동사항(동아리,여행,어학연수,인턴쉽경험등을자유롭게기재)		※ 자격사항		
기간(월단위)	내용	자격증명	발행처	취득일자

㈜ 모두투어 네트워크

1. 현재의 성격, 가치관, 태도 등이 가장 잘 설명될 수 있도록 귀하의 성장과정을 기술해 주시오.

2. 모두투어 지원동기에 대해서 기술하시오.

3. 여행업계에 진출하기 위해 어떠한 노력을 기울였는지 기술하시오.(보유지식, 스킬, 경험을 바탕으로)

4. 입사 후 부적응(직무, 부서분위기), 불만족(급여, 적성) 시 어떻게 대처하고, 의사결정 내릴지에 대해 기술하시오.

5. 나의 장점과 단점에 대해서 3가지씩 기술하시오.

6. 본인의 지원부서와 직무를 바탕으로 입사 후 포부에 대하여 기술하시오.

㈜ 모두투어 네트워크

◼ 대한항공 입사지원서

기본 > 학력 > 경력 > 자격 > 소개 > 제출

◨ 기본지원사항

+응시분야	객실승무직 ▾	신입객실승무원 ▾	국제선 ▾
+1차면접 희망지역	▾	※ 면접 장소는 회사 사정에 따라 변경될 수 있습니다.	

◨ 기본인적사항

찾아보기...	* 성명		한자성명	성 ▢ 이름 ▢
사진을 등록바랍니다. - 200KB 이내의 JPG 파일 - 120 X 150 PIXEL - 3cm X 4cm	* 영문성명	성 ▢ 이름 ▢ ※ 여권에 기재된 영문성명 입력 바랍니다.		
	* 주민번호 앞자리 및 뒤 첫자리 ex)910714-1******	▢ - ▢ ******	* 국적	대한민국 ▾
	* 아이디			
	*휴대폰	▾ - ▢ - ▢		
	*비상연락처			

*현주소	▢ [* 주소검색] _____ (상세주소) _____ (참고주소)		
*보훈대상여부	●비대상 ○대상	보훈번호	▢ - ▢
*장애여부	●비대상 ○대상	장애유형	▾
장애등급	▾	장애등록일	▢
*취미			

◨ 병역사항

- 남자는 반드시 입력해야 합니다. 여성 또는 외국 국적자의 경우 해당사항이 없으시면 비대상을 선택하시기 바랍니다.
- 전역예정인 분은 군필여부에 군필로 선택하시고, 복무기간에 전역예정일자를 입력하시기 바랍니다.

*군필여부	▾	군별	▾
계급	▾	병과(주특기)	▾
복무기간	▢ ~ ▢	면제사유	▢
전역구분	▾	군번	▢
출신구분	▾	출신기수	▢

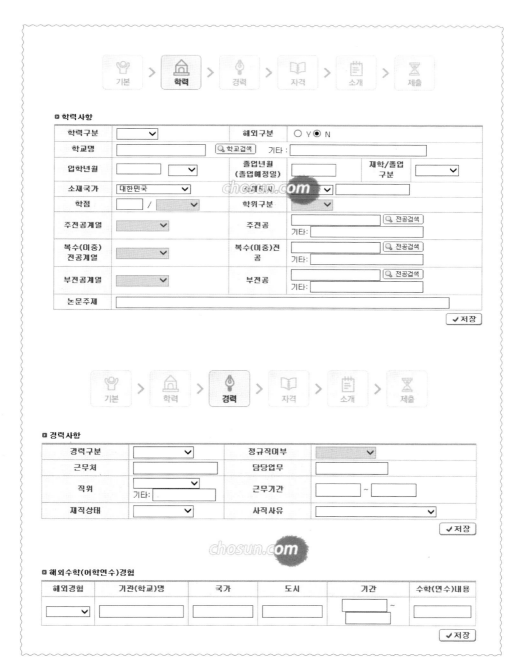

□ 학력사항

학력구분	▼	해외구분	○ Y ● N
학교명	[ ] 🔍학교검색	기타 :	[ ]
입학년월	[ ] [▼]	졸업년월 (졸업예정일)	[ ]	재학/졸업 구분	[▼]
소재국가	대한민국 ▼	소재지	[▼] [ ]
학점	[ ] / [▼]	학위구분	[▼]
주전공계열	[▼]	주전공	[ ] 🔍전공검색 / 기타: [ ]
복수(이중) 전공계열	[▼]	복수(이중)전공	[ ] 🔍전공검색 / 기타: [ ]
부전공계열	[▼]	부전공	[ ] 🔍전공검색 / 기타: [ ]
논문주제	[ ]		

✔저장

□ 경력사항

경력구분	▼	정규직여부	[▼]
근무처	[ ]	담당업무	[ ]
직위	[▼] 기타: [ ]	근무기간	[ ] ~ [ ]
재직상태	[▼]	사직사유	[▼]

✔저장

□ 해외수학(어학연수)경험

해외경험	기관(학교)명	국가	도시	기간	수학(연수)내용
[▼]	[ ]	[ ]	[ ]	[ ] ~	[ ]

✔저장

기본 > 학력 > 경력 > **자격** > 소개 > 제출

ㅁ 어학사항
- 지원자격 이상인 어학사항만 입력하시기 바랍니다.

언어구분	⌄		
어학시험명		등급	
총점		점수	LC ___ RC ___ SC ___ WC ___
REGISTRATION NO. (TEST_ID)			
취득일자 (TEST DATE)		만료일자 (VALID UNTIL)	

✔저장

ㅁ 자격면허
- 자격명 입력 후 자격등급 선택 예) '전기기사' = 자격명 : 전기, 자격등급 : 기사

자격명		🔍검색	기타:	
자격등급	⌄		자격증번호	
발급기관			취득일자	

✔저장

기본 > 학력 > 경력 > 자격 > **소개** > 제출

ㅁ 자기소개서

지원동기(600자 이내)	글자수 ___ 자

∧   ∨

입사 후 계획 및 포부(600자 이내)	글자수 ___ 자

∧   ∨

▣ 아시아나항공 입사지원서

STEP 1 → STEP 2 → STEP 3

국문지원서 작성/수정 → 국문지원서 보기 → 최종지원

> ### 신입 국제선캐빈승무원(인턴) 채용

- **중간 저장을 하고자 하시는 분은 필수 항목을 입력하신 후 최하단의 "지원서 저장"을 클릭하시면 됩니다.**
- **"지원서 저장"은 지원이 아닌 임시 저장으로 지원서 작성을 완료하신 분은 꼭! "최종지원"을 클릭하셔야 최종 지원이되며 최종지원 후 지원서 수정은 불가능 합니다.**
- 지원서 작성 ==> 지원서 저장 ==> 지원서 보기 ==> 지원서 보기 하단의 "최종지원"을 클릭해야 지원한 것으로 인정됩니다.
- **별표(*) 항목은 반드시 입력해야하는 필수입력항목입니다. 별표(*)항목 미입력시 입사지원이 불가능합니다.**
- 지원서 작성은 입력항목별 우측 상단에 있는 "작성가이드"를 참조하십시오. 반드시 "작성가이드"에 따라 작성해야 하며, 오기재 혹은 허위기재 등으로 인한 피해가 발생하지 않도록 유의하시기 바랍니다.
- **최종지원 전 또는 접수마감일 전까지는 지원서의 수정 및 내용 확인이 가능합니다. 단, 최종지원 후에는 지원서의 수정이 불가능하며, 지원서 내용 확인만 가능하오니 유의하시기 바랍니다.**
- 채용관련 문의사항은 "채용Q/A"를 통하여 문의내용을 등록하여 주시기 바랍니다.
- 날짜 입력시 주의해 주시기 바랍니다.(예, 2007.02.31처럼 없는 날짜 등) 연월일은 숫자로 입력하며, 연도는 4자리로 입력합니다.
- **특수기호(--, /*, ,1=1 ,1=2 등)와 영단어(예, or, select, union, execute, drop, insert, update)를 입력하여 자기소개서를 작성하는 경우 입사지원서의 저장이 안될 수 있으니 유의하시기 바랍니다.**

▶ 필수지원기재 사항   작성가이드 ❶

- 지원분야 : 지원하려는 분야(부문)를 반드시 선택하십시오.
- 1차 실무자면접 장소 : 서울 부산 광주 중 1곳을 선택하셔야 합니다.

지원분야 *	국제선캐빈인턴 ▾	1차 실무면접 장소 *	서울 ▾

▶ 필수인적사항   작성가이드 ❶

- 사진 등록/수정 : "사진 등록/수정" 버튼을 클릭하여 사진 파일을 등록합니다.
  (파일확장자 : JPG/GIF 파일 용량 : 50Kbyte 미만) 사진크기는 100 x 130 픽셀입니다.
- 성명(한자) : 한글 입력 후 한자변환키를 이용하여 해당 한자를 찾아 입력합니다. Windows에서 제공하지 않는 한자는 한글로 입력하십시오.(예, 김하늘 => 金하늘)
- 반드시 수신 가능한 E-mail 주소로 정확하게 입력합니다. 입력한 E-mail 주소 및 해당 메일 계정의 수신 용량이 여유있는지 확인 바라며, E-mail 주소 오기재로 인한 안내/확인 메일 및 전형결과 등 메일 미수신으로 인한 불이익이 발생하지 않도록 유의하시기 바랍니다.
- 주소 : "주소검색"을 이용하여 반드시 우편수신이 가능한 주소를 입력합니다.
  동/읍/면 단위 검색 ==> 해당주소지 선택 ==> 나머지 주소(번지, 아파트 동/호수)를 입력합니다. 해당 동/읍/면이 없을 경우 근접지역의 우편번호를 선택하시면 됩니다.
- 보훈여부 : 보훈 해당자는 대상을 선택하고, 반드시 보훈번호를 입력합니다.
- 장애여부 : 장애 해당자는 대상을 선택하고, 반드시 장애등급, 장애사유를 선택합니다.

PHOTO	성명 * [한글] 홍길동 [한자] [영문] (성) (이름)	
	주민등록번호 * 851111 - 1234567 (만 25 세) 실제생일 * 1985 년 11 월 11 일 양력 ▾	
	주민등록지 * 주소검색▶	
사진 등록/수정 ▶	현주소 * 주소검색▶ ☐ 상동	
· 최근3개월내촬영	E-mail * 긴급연락처 *	
· gif/jpg/50k미만	핸드폰 * 선택▾ - - 전화번호 * 선택▾ - -	
· 100 x 130 픽셀	보훈여부 ○ 대상 ⦿ 비대상 [보훈번호] [관계] [비율] ○ 5% ○ 10%	
	장애여부 ○ 대상 ⦿ 비대상 [등록번호] [등급] 선택▾ [내용] 내용선택 ▾	

▶ 신상정보　작성가이드 ⓘ

- 신장, 체중 : 반드시 숫자(정수)로만 입력합니다.
- 시력 : 반드시 소수점을 입력해야합니다.(예, 좌 : 1,2 / 우 : 1,5)
- 형제관계 : 숫자로만 입력하십시오. ex) 2남 1년 중 1째

신체정보 *	[혈액형] 선택 ▼ [신장] ＿ cm [체중] ＿ kg
	[나안시력] (좌) ＿ (우) ＿ [교정시력] (좌) ＿ (우) ＿
형제관계/결혼	[형제관계] ＿ 남 ＿ 년 中 ＿째(숫자만입력) [결혼여부] ⦿ 미혼 ○ 기혼
취미	＿＿＿＿ 특기 ＿＿＿＿ 종교 선택 ▼

▶ 가족 사항　작성가이드 ⓘ

- 가족관계 및 가족정보 모두 입력해야 저장이 되며, 연령은 숫자로만 입력합니다.

가족관계	성명	생년월일	최종학력	직업(근무처)	직급	동거여부	삭제
선택 ▼	＿	＿년 ＿월 ＿일	＿	＿	＿	선택 ▼	삭제 ✕
선택 ▼	＿	＿년 ＿월 ＿일	＿	＿	＿	선택 ▼	삭제 ✕

(가족사항 항목의 추가나 삭제는 우측의 항목 추가 버튼이나 삭제 버튼을 이용하시기 바랍니다.)　항목추가 ⊕

▶ 병역 사항　작성가이드 ⓘ

- **남성은 병역사항 입력이 필수사항입니다. 여성의 경우에는 "여자"로 선택하시면 됩니다.**
- 제대구분 : 정상적으로 전역한 현역의 경우 만기제대를, 보충역의 경우 소집해제를 선택합니다.
- 복무기간 : 전역예정자인 경우 복무기간은 만기일(전역예정일)에 준해서 기재합니다.

| 병역구분 | 선택 ▼ | 군별 | 선택 ▼ | 병과 | 선택 ▼ | 계급 | 선택 ▼ | 제대구분 | 선택 ▼ |
| 복무기간 | ＿년 ＿월 ＿일 ~ ＿년 ＿월 ＿일 | | | 면제사유 | 선택 ▼ | | | | |

▶ 학력 사항　작성가이드 ⓘ

- 학력사항 미기재 혹은 오기재로 인한 불이익이 발생하지 않도록 반드시 "작성가이드" 확인 후 정확히 기재하여 주십시요.
- 고등학교 : 졸업(예정)한 고등학교명을 정확히 입력합니다. 검정고시 합격자는 검정고시란에 체크하고 졸업년월에 검정고시 취득연월을 입력하며 졸업구분에는 "합격"을 선택합니다.
- 대학교 : 고교 졸업 후 한 곳의 대학교을 졸업한경우(편입 또는 두 곳 대학교를 졸업한 경우가 아닌 경우) 첫번째 대학교란에 입력하십시오.
- 대학교 : 고교 졸업 후 두 곳의 대학교을 졸업한 경우 두개 대학 모두를 졸업 순서대로 대학교란에 입력하십시오.
- 편입 : 2~3년제 대학->4년제 대학교로 편입한 경우 전문대란에 2~3년제 대학을 입력하고, 두번째 대학교(편입/재입학)란에 편입후 대학을 입력한 후 입학구분을 "편입"으로 선택합니다.4년제 대학교->4년제 대학교로 편입한 경우 입학대학을 첫번째 대학란에 입력한 후 졸업구분을 "중퇴"로 선택합니다. 편입대학은 두번째 대학교(편입/재입학)란에 입력한 후입학구분을 "편입"으로 선택합니다.
- 학교입력은 "학교검색"으로 입력합니다. 국내대학은 한글로, 해외대학은 영문으로 검색합니다.(ex, 전국대학교 - 전국, University of Tokyo - Tokyo) 검색리스트에 없는 학교명은 채용Q/A를 통해 학교명[학교명(국문,영문 Full-Name), 소재지(지역/국가), 2/4년제 구분, 학교 홈페이지 주소]을 올려주시면 검토 후 추가해 드립니다.
- 전공입력은 "전공검색"으로 입력합니다. 검색리스트에 없는 전공명은 채용Q/A를 통해 정확한 전공명(졸업(예정)증명서에 기재되는 전공명)을 올려주시면 검토 후 추가해 드립니다. 해외대 전공의 경우 국문 전공명으로 입력하되, 검색리스트에 없는 전공의 경우 영문 전공 Full-Name을 채용Q/A에 올려주시면 검토 후 추가해 드립니다.
- **학점 : 먼저 4,5 만점으로 성적을 환산하여, 평점은 전체 평균평점(재학중인 자는 최종학기까지의 평균평점)을 소숫점 두자리까지 정확하게 입력.[ex]3,00]**
- 졸업구분 : 졸업/졸업예정/수료/중퇴/휴학/재학 중 선택하고, 졸업예정자는 졸업예정일을 선택하고 졸업구분은 졸업예정을 선택해 주십시오.
- 부/복수전공 : 입학한 전공을 주전공란에 입력하시고 부/복수전공의 경우 부/복수전공란에 입력하시기 바랍니다.

➤ 공인외국어시험

- 지원서 접수마감일 기준 최근 2년 이내(또는 채용공고에 명시한 날짜)에 취득한 점수만 기재합니다. 점수가 있는 경우 취득일(공인외국어시험 점수 취득일 기준)은 반드시 기입해야 하며, 점수는 시험종류에 따라 숫자 또는 급수를 선택합니다. 해당 입력란이 모자랄 경우 추가버튼을 눌러 입력하십시오.

- 공인외국어점수를 기입한 경우 추후 이를 증빙할 수 있는 서류를 제출하셔야 합니다.

- (구) HSK 점수는 (신) HSK 점수로 환산해서 등록하셔야 합니다.
  (구) HSK 고등9급, 고등10급, 고등11급 --> (신) HSK 6급 으로
  (구) HSK 초등3급, 초등4급, 초등5급, 중등6급, 중등7급, 중등8급 --> (신) HSK 5급 으로
  (구) HSK 기초1급, 기초2급, 기초3급 --> (신) HSK 4급 으로

- **TOEIC 550 또는 G-TELP 3급 63%, 2급 45% 이상 성적은 필수입력사항입니다.**

공인외국어시험명	점수(급)	수험번호(토익만)	발급번호	취득일자	삭제
공인외국어시험선택 ▼	점 (숫자만)			년 월 일	삭제 ×

(공인외국어시험 항목의 추가나 삭제는 우측의 항목 추가 버튼이나 삭제 버튼을 이용하시기 바랍니다.) [항목추가 ⊕]

➤ 근무경력사항

- 경력사항을 입력한 경우 추후 이를 증빙할 수 있는 서류를 제출하셔야 합니다.

- 시간상으로 최근 근무한 회사부터 입력해 주시기 바랍니다.

고용형태	회사명	월급여	재직기간	부서명ㅣ직급	담당업무내용	이직사유(재직)	삭제
선택 ▼		만원	년 월 일~ 년 월 일	직급:		선택 ▼	삭제 ×

(근무경력사항 항목의 추가나 삭제는 우측의 항목 추가 버튼이나 삭제 버튼을 이용하시기 바랍니다.) [항목추가 ⊕]

➤ 해외경험사항

- 여행이 목적인 경우(신혼여행, 가족여행, 배낭여행 등)에는 기입하지 마십시오.

목적	지역	체류기관(장소)	체류기간	해외경험내용	삭제
선택 ▼	선택 ▼		년 월 ~ 년 월		삭제 ×
선택 ▼	선택 ▼		년 월 ~ 년 월		삭제 ×

(해외경험사항 항목의 추가나 삭제는 우측의 항목 추가 버튼이나 삭제 버튼을 이용하시기 바랍니다.) [항목추가 ⊕]

학력	학교명	전공	재학기간	구분	취득학점
고등학교	[학교검색▶] □해외고 [입력취소×] □검정고시	고교계열선택 ▼	년 월 선택 ▼~ 년 월 선택 ▼	주ㅣ야간 ▼ 소재지 ▼	
전문대	[학교검색▶] [입력취소×] 대학계열선택 ▼	[전공검색▶] [입력취소×]	년 월 선택 ▼~ 년 월 선택 ▼	주ㅣ야간 ▼ 소재지 ▼	만점선택 ▼
대학교	[학교검색▶] [입력취소×] 대학계열선택 ▼	[전공검색▶] 부ㅣ복수 ▼ [입력취소×] 부복수전공:	년 월 선택 ▼~ 년 월 선택 ▼	주ㅣ야간 ▼ 본ㅣ분교 ▼ 소재지 ▼	만점선택 ▼
편입 대학교	[학교검색▶] [입력취소×] 대학계열선택 ▼	[전공검색▶] 부ㅣ복수 ▼ [입력취소×] 부복수전공:	년 월 선택 ▼~ 년 월 선택 ▼	주ㅣ야간 ▼ 본ㅣ분교 ▼ 소재지 ▼	만점선택 ▼
대학원 (석사)	[학교검색▶] 대학원 [입력취소×]	[전공검색▶] 과정선택 ▼ [입력취소×] 세부전공:	년 월 선택 ▼~ 년 월 선택 ▼	주ㅣ야간 ▼ 본ㅣ분교 ▼ 소재지 ▼	만점선택 ▼
대학원 (박사)	[학교검색▶] 대학원 [입력취소×]	[전공검색▶] 과정선택 ▼ [입력취소×] 세부전공:	년 월 선택 ▼~ 년 월 선택 ▼	주ㅣ야간 ▼ 본ㅣ분교 ▼ 소재지 ▼	만점선택 ▼

각 항목 우측에 [작성가이드 ⓘ]

> **자격증**

작성가이드 ❶

- 자격증명은 "자격증검색"으로 입력합니다. 자격증 취득 증빙이 가능한 경우에만 입력하여야 하며, 현재 자격증 취득이 진행 중(예, 1차 합격, 필기 합격 등)인 경우에는 입력하지 마십시오. 해당 입력란이 모자랄 경우 "항목추가"버튼을 눌러 입력하십시오.
- 검색리스트에 없는 자격증의 경우 채용Q/A를 통해 자격증명, 발행기관, 자격증종류(국가/국제/민간자격증)을 정확히 기재하여 주시면 검토 후 추가해 드립니다. 자동차운전면허는 입력하지 마시기 바랍니다.
- 자격증의 경우 등록번호가 없는 경우가 많습니다. 발급번호, 일련번호 등의 형태로 된 숫자를 입력하시고, 이러한 번호가 없는 자격증의 경우 취득일자(예, 20071004) 8자리를 입력하시기 바랍니다.
- 다수의 자격증 소지자는 지원분야와 유관한 자격증/면허정보를 우선 기재합니다. 자격증 등급이 있는 경우 등급에 따른 자격증을 선택하고 반드시 취득일을 기입합니다.
- 자격증을 기입한 경우 추후 이를 증빙할 수 있는 서류를 제출하셔야 합니다.

자격증명		국내외구분	발급기관	등록번호	취득일자	삭제
	자격증검색 ▶ 입력취소 ✕	선택 ▾			년 월 일	삭제 ✕

(자격증 항목의 추가나 삭제는 우측의 항목 추가 버튼이나 삭제 버튼을 이용하시기 바랍니다.) 항목추가 ➕

> **동아리ㅣ봉사활동**

작성가이드 ❶

- 동아리 및 봉사활동단체명과 활동기간, 활동내용에 대해 입력하시기 바랍니다.

구분	활동단체	활동기간	주요활동내용	삭제
선택 ▾		년 월 ~ 년 월		삭제 ✕

(동아리봉사활동 항목의 추가나 삭제는 우측의 항목 추가 버튼이나 삭제 버튼을 이용하시기 바랍니다.) 항목추가 ➕

> **포상/징계**

작성가이드 ❶

- 각종 공모전 또는 국가나 기관으로부터 수상한 내역을 입력하시기 바랍니다. 기재시 추후 증빙 서류를 제출해야 합니다.

포상/징계명	기관	일자	내역	삭제
		년 월 일		삭제 ✕

(포상/징계 항목의 추가나 삭제는 우측의 항목 추가 버튼이나 삭제 버튼을 이용하시기 바랍니다.) 항목추가 ➕

- 150 -

▶ 자기소개서

작성가이드 ⓘ

인생에서 어려움을 극복하고, 성취감을 느낀 경험에 대해서 서술해 주십시오. * [200자 이상 500자 이내]　　0 /500

캐빈승무원에 지원하기 위해서 어떤 경험과 역량을 쌓았는지 서술해 주십시오. * [200자 이상 500자 이내]　　0 /500

현재, 아시아나항공에서 제공하는 서비스에 대해서 평가해 주십시오. * [200자 이상 500자 이내]　　0 /500

향후, 아시아나항공이 지향해야 하는 서비스 방향에 대해서 서술해 주십시오. * [200자 이상 500자 이내]　　0 /500

기타 자기소개서에 추가할 내용이 있다면 서술해 주십시오. * [0자 이상 500자 이내]　　0 /500

지원서상의 모든 기재사항은 사실과 다름이 없음을 증명하며,
차후 지원서상의 내용이 허위로 판명되어 합격 또는 입사가 취소되더라도 이의를 제기하지 않을 것을 서약합니다.

☐ 위의 내용에 동의합니다.

2011 년 2 월 23 일
홍길동

▣ 신라 면세점 입사지원서 양식

입사지원서			

	성 명	(한글)	
		(한자)	(영문)
	주민번호	(만 세)	
	연락처	E-Mail Address	@hanmail.net
		Phone	
		Mobile Phone	

본적	
주민등록상 주소	
현주소	

학력사항	재학기간	학교명	전공	학점	소재지	졸업구분
	~					
	~	대 학 교		/		
	~	대 학 원		/		
	논문제목 :					

경력사항	기간	직장명	직위	소재지	담당 업무
	~				
	~				

취미					

보훈대상여부	Y / N	보훈번호		관계	
장애인여부	Y / N	장애종류		장애급수	

외국어	외국어명	시험명	응시일자	점수	PC활용	
					영어회화	
					일어회화	
					중국어회화	

가족사항	관계	성명	연령	직업 / 근무처	자격증	자격 및 면허	취득일	발급기관

해외체류경험	지역/장소	기간	목적

입사지원서상의 기재사항은 사실과 다름이 없습니다.

2013년 월 일

■ 브루벨코리아 입사지원서

입 사 지 원 서

(희망근무지:)

(희망연봉:)

사 진 (3개월 이내에 촬영한 반명함판) 3cm×4cm	성 명	[한 글] [한 자]					
	생 년 월 일	[만 세] 년 월 일 [성 별] 남 , 여					
	현 주 소	(우편번호: -)					
	연 락 처	[핸드폰] [e-mail]					

학 력	년 월	출 신 학 교 및 전 공	구 분	평 점	소 재 지	부 전 공
	년 월	고등학교 과 졸	(주, 야)			
	년 월	전문대학 학과 졸	(주, 야)			
	년 월	대학교 학과 졸	(신, 편)			

*외국어능력: 상, 중, 하로 적을 것

자 격 면 허	취득일자	종 류	발급기관	외 국 어	종 류	회 화	독 해	작 문	기타사항	
									TOEIC	
									취 미	
									특 기	

경 력 사 항				신 체 사 항		
근 무 기 간	근 무 기관명	직 위	담 당 업 무	시 력	(좌: 우:)	
				신 장	Cm	체 중 Kg
				질병유무		

가 족 사 항	관 계	성 명	연 령	직 업

해 외 경 험	해외 경험	
	목 적	
	기 간	
	해당국가	
	비 고 1	
	비 고 2	

*귀 사에 입사하고자 하오며, 상기의 사실이 허위가 아님을 서약합니다.   지원자   (인)

■ 유니에스 입사지원서 양식

이 력 서

사 진 4 × 5 반명함 (사진부착 바랍니다)	성 명	한 글		생년월일		년 월 일 (만 세)	
		한 자		출 생 지			
		영 문					
	본 적						
	현 주소						
	(자택)전화번호			휴 대 폰			
	가족사항		---남 ----여 중	주거사항	**자택**·전세·하숙·자취·기타		

학력	입학년월	졸업년월	출신학교 및 전공	성적(평점)	보훈대상	장애구분
	2010년 3월	2013년 2월	고등학교 졸업	-	대상 · **비대상**	장애 · **비장애**
	2013년 3월	2016년 2월	대학교 과 (졸업. 졸업예정. 휴학. 중퇴)	3.5/4.5	취 미	
	년 월	년 월	대학원 학과 (졸업. 졸업예정. 휴학. 중퇴)		특 기	
					종 교	무교

경력 <최근 5년 알바 포함>	근 무 기 간	직 장 명	직 위	부서.담당업무	월 급	퇴직사유(상세)

가족사항	관계	성 명	연령	학 력	동거여부	직장명/직위	휴대폰	결혼여부	미혼 · 기혼
								신장	cm
								혈액형/청력	형/ 정상,비정상
								색맹/색약여부	정상
								시력 맨눈	좌:0.1 /우:0.1
								교정	좌: 1.0 /우:1.0

자격·면허	자 격 명	취 득 일	자격기관		구 분	점수 또는 구분	
				어학		점	상·중·하
						점	상·중·하
					SPEAKING	점	상·**중**·하
					LISTENING	점	**상**·중·하

해외연수 경험	체류기간	국가	도시	연수기관	연수내용
E-mail			추천인 (또는 지원경로)		

년 월 일 지원자 (서명)

unies

株式會社 유니에스
UNION DE BUSINESS CO,. LTD

▣ 조선호텔입사지원서 양식

<table>
<tr><td rowspan="4">사진</td><td rowspan="2">성명</td><td>(한글)</td><td>생년월일</td><td></td></tr>
<tr><td>(영문)</td><td>연락처</td><td></td></tr>
<tr><td>E-mail</td><td></td><td>휴대폰 번호</td><td></td></tr>
<tr><td>주소(거주지)</td><td colspan="3"></td></tr>
</table>

<table>
<tr><td rowspan="4">학력사항</td><td>기간</td><td>학교명</td><td>학과(전공)</td><td>소재지</td></tr>
<tr><td></td><td></td><td></td><td></td></tr>
<tr><td></td><td></td><td></td><td></td></tr>
<tr><td></td><td></td><td></td><td></td></tr>
</table>

<table>
<tr><td rowspan="6">경력사항</td><td>재직기간</td><td>회사명</td><td>직급/직무</td><td>소재지</td></tr>
<tr><td></td><td></td><td></td><td></td></tr>
<tr><td></td><td></td><td></td><td></td></tr>
<tr><td></td><td></td><td></td><td></td></tr>
<tr><td></td><td></td><td></td><td></td></tr>
<tr><td></td><td></td><td></td><td></td></tr>
</table>

<table>
<tr><td colspan="2">어학능력사항</td><td colspan="2">자격증 소지사항</td></tr>
<tr><td>영어</td><td></td><td>발급기관</td><td>자격사항</td></tr>
<tr><td>일어</td><td></td><td></td><td></td></tr>
<tr><td>중국어</td><td></td><td></td><td></td></tr>
<tr><td>기타</td><td></td><td></td><td></td></tr>
</table>

<table>
<tr><td colspan="2">해외연수 및 기타 교육사항</td></tr>
<tr><td rowspan="3">기간 및 내용</td><td></td></tr>
<tr><td></td></tr>
<tr><td></td></tr>
</table>

<table>
<tr><td rowspan="7">가족사항</td><td>관계</td><td>성명</td><td>나이</td><td>직업</td><td colspan="2">신체사항</td></tr>
<tr><td></td><td></td><td></td><td></td><td>신장</td><td>Cm</td></tr>
<tr><td></td><td></td><td></td><td></td><td>체중</td><td>Kg</td></tr>
<tr><td></td><td></td><td></td><td></td><td>시력</td><td>좌 / 우</td></tr>
<tr><td></td><td></td><td></td><td></td><td>혈액형</td><td>형</td></tr>
<tr><td></td><td></td><td></td><td></td><td>결혼관계</td><td>미혼 / 기혼</td></tr>
<tr><td></td><td></td><td></td><td></td><td>병역</td><td>군필 / 미필</td></tr>
</table>

<table>
<tr><td colspan="11">어학 및 컴퓨터 활용 능력</td></tr>
<tr><td>Word</td><td>Hwp</td><td>Excel</td><td>PPT</td><td>기타</td><td>Toeic</td><td>TOEFL</td><td>JPT</td><td>JLPT</td><td>HSK</td><td>기타</td></tr>
<tr><td></td><td></td><td></td><td></td><td></td><td></td><td></td><td></td><td></td><td></td><td></td></tr>
</table>

자 기 소 개 서

성장과정	
성격의 장단점	
경력사항	
지원동기	
입사 후 포부	

■ 롯데호텔 입사지원서 양식

LOTTE
HOTELS & RESORTS

지원 부문	

입 사 지 원 서
( )

인적사항	성 명	(한글)		(영문)				
		(한문)		생년월일				(만 세)
	현주소							
	전 화		핸드폰			E-mail		

학력사항	입학/졸업 년월	학 교 명	전공 (학위구분)	졸업구분	성 적	특 기 1	
	~	고등학교		졸업 / 예정	/	특 기 2	
	~	대 학	(학 사)	졸업 / 예정	/	취 미	
	~	대학교	(학 사)	졸업 / 예정	/	보훈대상 여부	Y / N
	~	대학교 대학원	(석/박)	졸업 / 예정		관 계	

경력사항	직장명/실습사명	직 위	근무 및 실습기간	담당업무	월급여	퇴직사유
			~ (개월)			
			~ (개월)			
			~ (개월)			

병역구분		군 별		면제사유		혈 액 형	
신 장	cm	체 중	kg	시 력	좌: 우:	건강상 특이사항	

외국어	외국어명	회화실력	Test 명	점수/급수	자격면허	자 격 면 허 명	등 급

수상	수 상 일	단 체 명	수 상 내 용

사회활동	활 동 내 용	기 간	해외거주	지역 및 경험	기 간
		개월			개월
		개월			개월

접 수	접수일 : 평가 : 특기사항 :

자 기 소 개

1. 롯데호텔에 지원한 동기와 희망하는 지원분야에 대해 서술해 주세요

2. 사회활동(봉사활동 포함) 경험과 특기(어학 등)에 대해 서술해 주세요

3. 호텔리어가 되기 위해 특별히 준비한 내용에 대해 서술해 주세요

귀사의 채용에 응시하고자 하오니 전형하여 주시기 바랍니다.

년 월 일

지 원 자 (인)

▣ 신라호텔 입사지원서 양식

입사지원서

	성 명	【한글】 【한자】 【영문】	
사진	성 별		생년월일	
	지원분야		

기본사항	현 주 소	(우편번호 :)					
	연 락 처	자 택		휴대폰		e-Mail	
	병 역	병역구분	필□ 미필□ 면제□	군 별		병 과	
		복무기간				계 급	

학력사항	학 력	학교명	전공	학점	소재지	입학년월	졸업년월	주/야	졸업구분
	초등학교								
	중 학 교								
	고등학교								
	전 문 대		/						
	대 학 교		/						
	석 사		/						
	박 사		/						

자격사항	자격명	등급	취득일	유효일	어학사항	외국어명	TEST명	성적	취득일
			. .	. .					. .
			. .	. .					. .
			. .	. .					. .
			. .	. .					. .

주요경력사항	근무기간	근무처	소재지	직위	직무	비고
	년 월~ 년 월					
	년 월~ 년 월					
	년 월~ 년 월					
	년 월~ 년 월					
	년 월~ 년 월					
	년 월~ 년 월					
	년 월~ 년 월					
	년 월~ 년 월					
	년 월~ 년 월					
	총 경력기간		년 개월			

지원서상의 모든 기재사항은 사실과 다름없음을 확인합니다.

작성일자 : 20 년 월 일 작성자 :

자 기 소 개 서

▣ 라마다호텔 입사지원서 양식

입사지원서(산학실습)

	성명	(한글)	(한자)	(영문)
	주민등록번호		(만 세)	
연락처	주소			
	전화	(자택)	(휴대폰)	
	e-mail			

지원부문				신 입	
학력사항	기간	학력		졸업구분	성적
	~	고등학교		졸업/수료	–
	~	대학	과	졸업/수료	점 / 점
	~	대학교	과	졸업/수료	점 / 점
	~	대학원	과	졸업/수료	점 / 점

주요경력	기간	근무처	연봉	퇴직사유
	~			
	~			

보훈대상 여부		키	cm	체중	kg	혈액형	
병역	병역구분		면제사유		병과		
	복무기간		군별		계급		

외국어	외국어명	TEST 명	성적	수상경력	일시	단체	수상내용

컴퓨터기능	워드	상/중/하	자격증 및 면허	종류	발행처/발행일
	엑셀	상/중/하			
	파워포인트	상/중/하			
	인터넷 활용	상/중/하			

■ 제주 라마다호텔 입사지원서 양식

입 사 지 원 서

수험번호	지원분야		희망연봉		사 진
	지원직급	팀장급(부장, 차장, 과장), 대리, 주임, 사원			(명함판 상반신 4*5)

인적사항	성 명	(한글) (한문)			
	주민등록번호	- *******	만 세		
	본 적				
	현주소				
	E-mail				
	연락처	연락처(2)	휴대폰		

학력사항	고 교	년 월	고등학교 졸업		병역	필 · 미필 · 면제	
	전문대	년 월	대학 학과 (졸업 · 예정)			면제(사유)	
	대학	년 월	대학교 대학	(입학 · 편입)		병 과	
			학과(부)			복무기간	
		년 월	대학교 대학	(졸업 · 졸업예정)	보훈	대상 · 비대상	
			학과(부)				
	대학원	년 월 ~ 년 월	대학교	(졸업 · 졸업예정)	신체	신 장	cm
			전공			체 중	kg
			최종학위 :	논문제목 :		혈액형	형

경력사항	근 무 기 간	근 무 처 명	등급	객실수	직 위	담당업무	급여(연봉)	퇴 직 사 유
	~							
	~							
	~							
	~							
	~							

자격사항	자 격 명	등급	취 득 일 자	발 행 처	외국어	영 어	상 · 중 · 하 (토익/토플 점)
						일 어	상 · 중 · 하( )
						중국어	상 · 중 · 하( )
							상 · 중 · 하( )
						면 접	영 · 일 · 중 / 컴퓨터 상 · 중 · 하

가족사항	관 계	성 명	연 령	학력	직 업	근 무 처	동 거	기타	혼 인	기혼 · 미혼
									가 족	( )남 ( )녀 중 ( )째
									주 거	자가 · 전세 · 월세 · 자취
									취 미	
									종 교	흡연 여부 / 흡연 · 비흡연

※ 이력사항 및 연수, 상벌사항 등 추가 기재 해당자는 이력서 별첨

상기사항에 일체 허위 기재 사실이 없음을 확인합니다.

년 월 일 지원자 ㉑

라 마 다 프 라 자 제 주 호 텔 귀 중

자 기 소 개 서

※ 당사 지원동기, 지원분야에서의 본인의 경력 및 특기, 입사 후 업무수행 시 본인의 업무추진계획 등 작성

지원동기	
경력 및 특기	
업무추진계획	

작성일자 년 월 일

지원자 (인)

라 마 다 프 라 자 제 주 호 텔 귀 중

▣ 하얏트리젠시 제주 인턴지원서 양식

HYATT REGENCY JEJU
인턴 지원서

(최근 사진 부착)	Korean Name :				English Name :	
	Home Address				Contact Number 연락 번호	
	Email Address				(H.P) :	
	First Applied 제 1 지망 부서			Second Applied 제 2 지망 부서		

Resident No. 주민등록번호			-	
Date of Birth 생년월일	Age 연령 (만)	Gender 성별	Place of Birth 출생지	
			City 시	Province 도
Height 신장	cm	Weight 체중	kg	

Education	기간	학교	전공
University /College			
High School			

Language Skill	Speaking 말하기			Reading 읽기			Writing 쓰기			Understanding 이해		
	Good	Fair	Poor	Good	Fair	Poor	Good	Fair	Poor	Good	Fair	Poor
영어												
기타외국어( )												
TOEIC / TOFEL Score		JPT Grade	1st	2nd	3rd	HSK Score						
각종 자격증												

근무처(실습 / 실무경력)	Period 기간	Title 직위	Responsible to 담당업무

Military Service 군복무	Type of Discharge 역종	Branch of Service 군별	From 부터	To 까지
Fulfilled 병역필	예비역 / 보충역			

Overseas Exposure 해외경험	Period 기간	Country 국가	Purpose 목적

Family Record 가족사항 (성명)	Relationship / Age 관계 및 연령	Education 학력	Job / Title 직업 및 직위

02 국내외 직업정보 사이트

▣ 국내 직업정보 사이트

- 〈워크넷 http://www.work.go.kr〉한국고용정보원이 운영하는 취업포털사이트
  로 심리검사, 직업정보, 채용정보, 고용정보 등 진로결정과 취업에 관한 상세정
  보가 수록되어 있다.

- 〈청소년워크넷 http://youth.work.go.kr〉초등학생, 중학생, 고등학생, 대학생·
  청년 등으로 나누어 대상별 눈높이에 맞는 진로 및 직업정보를 제공하고 있으
  며 직업심리검사도 받을 수 있다.

- 〈한국직업정보시스템 http://know.work.go.kr〉177개 학과, 625개 직업에 대한
  상세정보와 재직자가 예상하는 해당 직업의 향후 5년간 일자리 전망을 제공하
  며 자신의 능력, 흥미에 맞는 직업을 검색할 수 있고 전문가를 통한 온라인 진로
  상담을 실시하고 있다.

- 〈여성워크넷 http://women.work.go.kr〉지역별, 업종별 여성채용정보를 검색할
  수 있으며 여성대상 교육, 여성취업 관련 정책, 여성유망직종 등에 대한 정보를
  볼 수 있다.

- 〈위민넷 http://www.women-net.net〉여성가족부에서 운영하는 여성포털사이
  트로 여성채용정보, 여성유망직업을 소개하고, 재직자들의 '잡 인터뷰' 등이 수
  록되어 있다.

- 〈커리어넷 http://www.careernet.re.kr〉한국직업능력개발원이 운영하는 사이
  트로 초등학생에서부터 성인, 교사 등 대상별 진로 및 직업정보를 제공하고 있
  으며 온라인 진로상담도 실시한다.

- 〈HRD-Net http://www.hrd.go.kr〉직업훈련정보망으로 훈련직종별, 지역별, 기

간별 직업훈련을 검색할 수 있다.

- 〈Q-Net http://www.q-net.or.kr〉 한국산업인력공단의 자격정보시스템으로 국가(기술)자격, 공인민간자격에 대한 정보와 수험정보를 볼 수 있다.
- 〈진학진로정보센터 http://www.jinhak.or.kr〉 서울특별시 교육연구정보원에서 운영하는 사이트로 직업정보 및 진학·진로정보를 검색할 수 있다.
- 〈교육방송 http://www.ebs.co.kr〉 다양한 직업관련 방송 및 교육관련 방송을 다시 볼 수 있다.
- 〈유스드림 http://www.youthdream.go.kr〉 국가청소년위원회에서 운영하는 사이트로 각 직업에 종사한 경험이 있는 청소년진로안내전문가들로부터 직업경험을 상담받을 수 있다.
- 〈영삼성 http://www.youngsamsung.com〉 삼성그룹에서 운영하는 청년층 대상 사이트로 상세 업무를 소개한 '직업체험24시', 종사자들의 '동영상 인터뷰' 등이 수록되어 있다.

▣ 해외 직업정보 사이트

미국 🌐

- 〈O*Net http://online.onetcenter.org〉 미국직업사전을 대체하여 만든 직업정보망으로 직업과 재직자 특성에 대한 정보를 수록하고 있으며 한국고용정보원의 [한국직업정보시스템]과 유사한 성격을 연다.
- 〈Occupational Outlook Handbook http://www.bls.gov/oco/home.htm〉 2년마다 발간되는 [미국직업전망] 사이트로 200여 개 직업에 대해 하는 일, 작업환경, 훈련 및 자격, 고용현황, 수입, 향후 고용전망에 대한 상세정보를 제공한다.
- 〈CareerOneStop http://www.careeronestop.org〉 직업정보를 비롯해 직업훈련

정보, 채용정보 등 직업과 관련한 모든 검색을 가능하게 하고 있으며 다양한 관련 사이트와 연계하고 있다.

- 〈America's Career Resource Network(ACRN) http://www.acrnetwork.org〉 미국 내 진로지도 관련 기관의 허브역할을 하는 사이트로 학생, 학부모, 교사 등 대상별 진로지도 관련 정보와 경력개발정보를 제공한다.

- 〈DICTIONARY OF OCCUPATIONAL TITLES http://www.oalj.dol.gov/libdot. htm〉 미국 직업사전인 DOT 관련 사이트로 1991년이 최종 업데이트 시기이며, 그 이후 직업정보는 O*Net으로 대체되었다.

호주 🌐

- 〈WorkPlace http://www.workplace.gov.au〉 직업, 고용, 교육 및 훈련에 대한 프로그램 관련 사이트들을 수록하고 있으며 청소년, 구직자 등 대상에 맞는 다양한 정보를 연계 사이트를 통해 검색할 수 있다. 우리나라의 워크넷과 유사한 성격의 사이트이다.

- 〈JobSearch http://jobsearch.gov.au〉 호주 [직업전망] 정보를 볼 수 있으며, 교육 및 훈련 정보를 검색할 수 있다.

- 〈Job Juice http://www.jobjuice.gov.au〉 청년층 대상 사이트로 취업 및 진로선택을 위한 단계별 과정에 대한 상세한 조언을 하고 있고, 각 단계별 관련 사이트로 연계하여 정보를 볼 수 있다.

- 〈Myfuture http://www.myfuture.edu.au〉 청년층들의 진로탐색을 지원하기 위한 사이트로 호주 내 노동시장정보, 교육, 직업정보를 제공하고 온라인 진로상담을 실시한다.

캐나다 🌐

- 〈Job Futures http://www.jobfutures.ca〉 265개 직업에 대해 하는 일, 교육 및 훈련, 임금, 고용전망과 155개 학과에 대해 교육내용, 졸업 후 진출분야와 향후 고용전망 등에 대한 상세정보를 수록하고 있다.

- 〈Job Bank http://www.jobbank.gc.ca〉 자신에게 맞는 직업 및 교육 프로그램을 검색할 수 있고 구인·구직 정보, 이력서 업로드 등의 서비스 이용이 가능하다.

- 〈Jobsetc(Training and Careers) http://www.jobsetc.ca〉 직업정보 관련 사이트를 비롯해 교육 및 훈련기관, 지역별 채용정보 등에 대한 정보를 연계하여 제공하는 허브 역할을 하는 사이트이다.

- 〈WorkInfonet http://workinfonet.ca〉 캐나다 지역별 직업 및 채용 관련 사이트를 모아 놓은 허브로 지역별 사이트를 통해 각 지역 내 직업현황과 고용에 대한 상세정보를 볼 수 있다.

- 〈National Occupational Classification http://www23.hrdc-drhc.gc.ca〉 캐나다 직업정보의 근간을 이루는 직업분류(NOC)사이트로 직업분류별 하는 일, 자격요건 등에 대한 정보가 수록되어 있다.

영국 🌐

- 〈Jobs4u http://www.connexions-direct.com/jobs4u〉 직업정보를 검색해 볼 수 있는 사이트로 23개 직업대분류 속 직업을 학력별, 전공별, 흥미별, 고용형태별로 검색 가능하며 각각의 직업에 대해 하는 일, 근무환경, 임금, 필요한 자격, 유리한 흥미 등의 정보를 제공한다.

- 〈Connexions http://www.connexions-direct.com〉 13~19세 청소년 대상 사이트로 직업 관련 자료들을 다운로드받을 수 있고, 진로결정, 교육이나 훈련, 아르

바이트에 대한 정보 외에도 교우관계, 여행, 건강 등 청소년들에게 필요한 제반 사항에 대한 전화, 이메일 등의 상담을 실시한다.

- 〈Jobcenter Plus http://www.jobcentreplus.gov.uk〉 일반구직자, 장애인, 자영업자, 고령자 등 대상별 취업정보와 진로결정, 구직방법, 훈련정보, 고용 관련 각종 정책 및 프로그램 등에 대한 정보를 제공하고 있다.

- 〈Careers Wales http://www.careerswales.com〉 청소년, 성인에게 진로 및 취업, 승진 등 경력개발 전반에 대한 정보를 제공하고, 어떻게 자신의 진로를 계획하고 개척하는지를 안내한다.

참고문헌

- NCS 기반 능력중심채용 가이드북/ 고용노동부, 한국산업인력공단/ 2016년 10월
- NCS에 기반한 취업과 진로설계:이력서 자기소개서 면접대비/ 공병무 지음/ 기한재/ 2016년 3월
- SMAT(서비스경영자격)-Module A-비즈니스커뮤니케이션/ 한국생산성본부주관 윤세남, 김화연 공편저/ 박문각/ 2016년 10월
- 관광분야 직업전망/ 권재철/ 한국고용정보원/ 2007년 12월
- 글로벌 매너와 이미지 스타일링/ 지희진 저/ 한올/ 2016년 3월
- 레벨업 취업영어면접/ 윤주영 지음/ 하이잉글리쉬/ 2018년 9월
- 서비스 마인드와 글로벌 매너/ 심윤정 고샛별 최욱희 이수명 공저/ 양성원/ 2016년 8월
- 서비스 매너 실무교육(취업 준비를 위한)/ 김수연, 최석립 지음/ 2011년 8월
- 셀프 취업준비 매뉴얼/ 이준희, 복성현 지음/ 마인드트리/ 2018년 10월
- 스마트 일본어 면접(일본 현지취업 및 일본계 기업 취업을 위한)/ 이재준, 김은정, 유리 지음/ 동양북스/ 2018년 2월
- 스마트 일본어 면접/ 유리, 이재준, 김은정 지음/ 동양북스/ 2018년 2월
- 스펙업 취업 영어:영어 면접 대비서/ 한지훈, 서승훈 지음/ YBM/ 2016년 12월
- 영문이력서 자기소개서 한번에 끝내기:선배도, 헤드헌터도 속시원히 대답 못하는/ 김영진 지음/ 예문/ 2015년 3월
- 취업 그 이후를 준비하라/ 배준현 지음/ 크라운출판사/ 2014년 8월
- 취업 준비땅/ 김진숙, 박수홍, 오동주 지음/ 동문사/ 2017년 8월
- 취업, 면접의 기술을 잡아라:면접을 위한 특별하고 확실한 합격의 기술/ 신혜련 지음/ 시대고시기획/ 2017년 1월
- 취업면접의 정석(개정판)/ 김정우 지음/ 라온북/ 2018년 7월
- 취업성공을 위한 가이드북:글쓰기와 말하기, 면접, 자기소개서, 이력서/ 문선희, 안성길 지음/ 문장/ 2016년 1월
- 취업준비와 면접 이렇게 하면 OK(성공적 취업을 위한)/ 장수용 지음/ 에스폼/ 2014년 1월
- 평범한 구직자를 위한 취업준비 A to Z/ 양정혜 지음/ 한경사/ 2014년 6월
- 한권으로 합격하는 관광통역 안내사:필기+면접/ 김열규 지음/ 크라운출판사/ 2017년 1월

웹사이트
- [자소서] 취업 합격할 수밖에 없는 자기소개서 작성법! https://www.youtube.com/watch?v=gFXT G0epEfc
- http://blog.naver.com/PostView.nhn?blogId=studycadcam&logNo=221361391531
- SBA 컬럼 http://www.sba.seoul.kr/kr/sbbs10s1/5032830
- STAR기법: https://blog.poohsiro.com/81
- STAR기법 활용하기: https://post.naver.com/viewer/postView.nhn?memberNo=9520310&volumeNo=9990741
- 관광중국어면접: http://cafe.daum.net/pjj4000/Iif4/27?q=관광중국어면접)
- 국토일보: www.ikld.kr/
- 남성복장:http://blog.naver.com/PostView.nhn?blogId=vjseo174&logNo=220076675637
- 롯데관광개발(주) 홈페이지: www.lottetour.com
- 면접 잘 보는 방법 : https://brunch.co.kr/@edityou/9
- 면접 준비 필수 가이드, 면접의 정석 https://brunch.co.kr/@jobplanet/16
- 면접복장: http://blog.naver.com/PostView.nhn?blogId=jdaeun96&logNo=221282733499

- 면접의 유형. 작성자 에듀진로적성연구소: http://blog.naver.com/PostView.nhn?blogId=edu1771&logNo=221048075414
- 모두투어네트워크(주) 홈페이지: www.modetour.com
- 묵향사공라이팅: http://blog.daum.net/writing777/776
- 복숭아둘째 블로그: 면접의 종류와 방법 참고https://blog.naver.com/kskmmmm1/220737206971
- 복장:http://blog.naver.com/PostView.nhn?blogId=songchouchou&logNo=220899235995
- 서울일자리포털사이트 http://job.seoul.go.kr/www/emp_info_room/emp_guide_list/selfRegister_lst.jsp
- 세계여행신문 www.gtn.co.kr
- 쉼표 하나 블로그 http://winxp.tistory.com/208
- 여행박사 홈페이지: www.tourbaksa.com
- 열혈남아 네이버 블로그: http://blog.naver.com/lseonghyeonl/70077954476
- 영문이력서 작성법 꿀팁 블로그: http://promisingfuture.tistory.com/11
- 영문이력서 작성하기 블로그: http://blog.naver.com/koreaih310/221329267189
- 윤지영 C&S(Communication&Sales)블로그 http://blog.naver.com/PostView.nhn?blogId=vision0753&logNo=130150636726
- 은방울꽃의 휴먼연구소: http://smileon.tistory.com/69
- 일문이력서 : http://100.daum.net/encyclopedia/view/57XXXXXX7891
- 일문이력서 작성 블로그 : http://cafe.daum.net/breakjob/8X42/73?q=%EC%9D%BC%EB%AC%B8%EC%9D%B4%EB%A0%A5%EC%84%9C
- 일문자기소개서 작성: www.youtube.com/watch?v=qn6JZwHi2us
- 일본어면접: http://cafe.daum.net/edujapan33/MLQa/77?q=일본어면접
- 일본어면접: http://cafe.daum.net/osakalife/LkxI/20?q=일본어면접
- 일본어면접: https://ddokchi.tistory.com/4376
- 자기소개서 작성 STAR/PAR기법 활용하기: http://blog.naver.com/PostView.nhn?blogId=hrdr0315&logNo=221385462919
- 자기소개서 작성요령 : https://brunch.co.kr/@hklim/11
- 잡코리아 면접 준비 http://www.jobkorea.co.kr
- 중문이력서 양식 : http://cafe.daum.net/mall/pAGN/48?q
- 중문이력서 작성하기 블로그: http://blog.naver.com/PostView.nhn?blogId=asdkgy97&logNo=221343327893
- 중문이력서 작성하기 블로그: http://blog.naver.com/PostView.nhn?blogId=hrdkorea2020&logNo=221379940875
- 중앙시사매거진 : http://jmagazine.joins.com/economist/view/324053
- 처음부터 새롭게 블로그: http://blog.daum.net/backtothebasic/8099922
- 취업준비 : http://cafe.daum.net/dhqkdkd
- 하나투어 홈페이지: www.hanatour.com
- 한국교육지원센터 : http://www.edudanawa.com
- 한화건설 공식블로그 http://blog.hwenc.co.kr/534
- 희망을 [job]아라 카페: http://cafe.daum.net/shineprmini0A0

저자소개

이 정 희
- 경기대학교 관광학 박사
- ㈜클럽하일랜드여행사 해외여행부 차장 / ㈜여행정보신문 취재부 차장
- ㈜호이디지털 해외여행부 본부장
- 인천발전연구원 비상근 연구원(인천누들타운 연구용역사업 수행)
- 한국관광공사 스마트투어가이드 콘텐츠 개발사업 참여
- 재능대학교 호텔관광계열 교수 / 재능대학교산하 문화관광 스토리텔링연구소 소장
- 농민신문사 전문지부 '디지털농업' 프리랜서 기자
- 인천정보산업진흥원 '인천남구문화산업지구 활성화 및 인천남구 문화콘텐츠개발 포럼' 포럼 위원 참여, 창원관광 스토리텔링콘텐츠 개발 참여, 전라남도 U-Tourpia 사업 참여(스토리텔링콘텐츠 개발)
- 농촌진흥청 연구수행 '학교급식 로컬푸드에 관한 연구'
- '청산도 가고 싶은 섬 시범사업' 제안사업 참여
- 신구대학교, 인하공업전문대학, 경기대학교, 청운대학교, 선문대학교, 을지대학교 강의

저서
- 항공예약실무론 공동 저술(백산출판사) / 여행사경영론 공동 저술(대왕사)
- 관광법규 공동 저술(한올출판사) / 스토리발굴과 기획 저술(인천정보산업진흥원)
- 관광정보론 : 스마트관광을 중심으로(새로미출판사) / 관광과 법 저술(새로미출판사)
- 현) 연성대학교 관광과 관광영어전공 조교수

박 은 숙
- 경기대학교 관광학 박사 / 일본벳부대학교 일본문학 박사수료
- Like외국어학원 전임강사 / 다이나믹 비즈니스 컬리지 한국지사장
- 현대드림기획 이사
- 경북외국어대학, 세명대학교, 백석대학교, 신안산대학교, 경기대학교 등 강의

저서
- 오하요우첫걸음 日本語(다락원) / 일본어뱅크 다이스키 8(일본어뱅크)
- 신 일본어 능력시험(실전모의고사)(동양북스) / 관광학의 이해(기문사)
- 두 권으로 끝내는 일본어뱅크 도모다치 上(동양북스)
- 두근두근 스토리가 있는 일본어뱅크 도모다치1(동양북스)
- 커피바리스타 문제집(기문사) / 처음시작하는 일본어 STEP 1(ECK북스)
- 처음 시작하는 일본어 STEP 2(ECK북스)
- 현) 연성대학교 관광과 호텔관광전공 조교수

박 은 애
- 한양대학교 식품영양학과 박사수료 / 리츠칼튼호텔서울 (주)전원산업 셰프(18년)
- 신세계백화점(강남점, 본점, 죽전, 영등포점) 문화센터 강의
- 청운대학교, 수원여자대학교 강의 / 라미드호텔 전문학교 호텔조리과 전임교수
- (사)한국조리학회 총무이사 / 국제요리경연대회 더운요리 찬요리 대상
- 미국감자협회 요리경연대회 대상
- 현) 연성대학교 호텔외식조리과 호텔조리전공 조교수

관광
서비스업
취업뽀개기

| 초판 1쇄 발행 | 2019년 2월 25일 |
| 2판 1쇄 발행 | 2019년 8월 25일 |

저 자	이정희·박은숙·박은애
펴낸이	임 순 재
펴낸곳	(주)한올출판사
등 록	제11-403호
주 소	서울시 마포구 모래내로 83(성산동 한올빌딩 3층)
전 화	(02) 376-4298(대표)
팩 스	(02) 302-8073
홈페이지	www.hanol.co.kr
e-메 일	hanol@hanol.co.kr
ISBN	979-11-5685-784-6